자유,
도전
그리고
행복

자유, 도전 그리고 행복

초판 1쇄 발행 2025년 6월 9일

지은이 이윤화
펴낸이 이시찬
펴낸곳 도서출판 문학의봄
출판등록 제2009-000010호

교정 이주희
디자인 정윤솔
편집 정윤솔
검수 김지원, 이현
마케팅 김윤길

전화 010-3026-5639
홈페이지 cafe.daum.net/bombomsprin

ISBN 979-11-85135-43-4(03810)
값 15,000원

- 이 책의 판권은 지은이에게 있습니다.
- 이 책 내용의 전부 또는 일부를 재사용하려면 반드시 지은이의 서면 동의를 받아야 합니다.
- 잘못된 책은 구입하신 곳에서 바꾸어 드립니다.

이윤화 자전적 에세이

자유, 도전
그리고
행복

문학의봄

작가의 말

하늘에서 준 소명을 다하지 못한
아쉬움의 발로

　세월 참 빠릅니다. 1984년 첫 취업을 시작으로 2024년 은퇴를 했으니 거의 40년 경제활동을 한 셈인데, '그간의 인생이 재미있었나' 그리고 '삶의 의미는 있었나' 등등을 곰곰이 되새겨 보게 됩니다. 어떤 이는 세 자녀도 제때 출가시키고 월급쟁이로 순탄하게 살아왔다고 하지마는…. 영화 「국제시장」에서 주인공 황정민이 마지막 장면에서, 혼자 펑펑 울면서, 하늘나라에 있는 자신의 아버지와 속 깊은 대화를 하는 장면이 나오는데요. 제가 바로 그 심정입니다. 지나온 시간도 그 자체로서 나름 의미가 있기는 합니다. 하지만 크게 볼 때는 방향성이 없는 직장 생활, 그러니까 애초부터 저의 평생직업에 대한 방향성이 없었으므로 계속 지그재그로 하게 되었고, 인생 60에 이르러서는 남은 것이 없다는 것을 알게 되었습니다.

또 자아실현이란 게 무엇인가요? 이는 의미 있고 진실하게 인생을 잘 살기 위해서 자신의 잠재력을 실현하고, 자신이 되고 싶은 인간상으로 자신을 만들어 가는 과정을 말하는 것이지요. 그러나 그것은 사람마다 그 모양이 각양각색으로 다르고, 오로지 자기 자신만을 위한 각본 없는 모험들인 것입니다. 자아실현을 위해서 뛰고 싶더라도, 회피할 수 없는 의무가 가득해서 마음대로 뛸 수도 없는 시절이 있었습니다. 그러니까 처자식 먹여 살리려고 밥벌이를 해야 하는 그 엄중한 현역 시절이 아닌 지금, 은퇴한 지금 수많은 파이어족이 그토록 원하는 자유와 새로운 것으로의 도전이어서 마음껏 저의 에덴동산에 다가갈 수 있게 된 것입니다. 그래서 저만의 그 행복을 찾을 수도 있고, 하늘에서 준 나의 소명을 다하지 못했다는 일말의 아쉬움을 줄이기 위해서라도, 앞으로의 여생 동안 긴 호흡으로 제가 체험으로 느낀 것들을 글로 쓰면서 그렇게 조금 더 뛰어 보겠다는 것이 저의 생각입니다.

장인이 만든 항아리 하나는 수백 년을 버티고 버젓이 살아 있는데 정작 그것을 만든 수많은 사람은 티끌로 돌아가고, 잊히고 마는 비정한 곳이 바로 이 세상입니다. 어떤 이가 말하기를, "인간은 사는 게 무서워 사회를 만들고 죽는 게 두려워 종교를 만들었으며 잊히는 게 두려워 글을 쓴다."라고 했습니다. 이른바 '존재 욕구'입니다. "그는 멋진 인생 살았어."라는 말을 듣고 싶은 것이 인지상정인지…. 또 글을 쓰면 세상만사를 더 객관적으로 볼 수가 있습니다. 어려움을 극복해 온 수많은 사람이 모두 다 부정적인 경험만을 하는 것은 아니지요. 어려움을 잘 극복한 후에는 더 큰 성장을 경험할 수도 있고, 어떻게 잘하면 이 사회에 나아가 다시 한번 더 기여할 수도 있겠다는 생각도 하게 됩니다.

현대사회에서는 내가 누구인지 어떤 정체성을 가졌는지, 어떻게 살아가야 하는지에 대한 고민이 많습니다. 현대사회가 워낙 변화가 심하고 경쟁도 심하기 때문인데, 그래서 '내가 누구인가?'는 성인(成人)들도 끊임없이 고민하는 화두이기도 합니다. 은퇴를 하면 직업이 아니라 취미가 비슷한 사람들끼리 만나게 됩니다. 그가 여전히 무엇인가를 한다면 정체성은 따라다니기 마련입니다. 나의 정체성을 나타내는 그 이름에 부합하는 책임과 역할이 있습니다. 이름만을 얻고 이에 부합하는 책임과 역할을 도외시한다면, 그 이름의 무게가 버거워서 견디지 못하게 될 수도 있습니다. 어떤 이름으로 무엇을 하며 살 것인가의 문제는 그 이름 앞에 붙여질 꾸밈말까지 고민할 때, 그 나름의 답을 마침내 찾을 수가 있게 됩니다. 그런데 '나는 작가다.' 그러면 그 앞에 꾸밈말은 무엇일까? 궁금해집니다.

우리 베이비부머 세대는 이전의 그 어느 세대보다 길게 살게 된다고 하는데, 자칫하면 백수(白壽)까지 백수(白手)로 살게 될지도 모르는 노년입니다. 퇴화가 아니라 새로운 도전과 적응의 시기로 인식하고, 노년에도 행복하게 살 권리가 있습니다. 후배들에겐 존경받아야 할 의무도 있는 것이니, 남은 인생을 보다 즐겁고 의미 있게 되도록 만들어 가야만 한다고 생각합니다. 우리는 그동안 우리나라를 발전시킨 대한민국의 주요 생산층이었고, 이제는 은퇴 세대가 되었지만 우리 베이비부머 세대가 할 수 있는 또 다른 역할을 한 번 더 찾아보아야 한다고 하는 것이 저의 생각입니다. 감사합니다.

— 2025년 6월 이윤화

목차

작가의 말 **4**

I. 나의 인생관
— 누구나 서로 존중하고 사랑하고

두데기를 그리며 **14**
주님 뜻대로 하옵소서 **19**
어머니의 공로 **23**
INTJ, 고독한 뇌섹남? **30**
누구나 서로 존중하고 사랑하고 **35**
잔소리마저 정겨운 평생의 반려 **37**
문맹 조선인들 일제에 농락당해 **42**
'한 번 더 도전해 보는 삶'의 가치 **47**
나탈리가 전남편과 재결합하도록 고쳐 쓴다면? **48**
뿌리를 찾고 챙기는 마음은 그리움 때문 아닐까? **53**
'오빠'라고 해도 해줄 것이 없네 **57**
은퇴하고 난 지금 '집'이란 작은 천국을 **60**
아무리 노력해도 Native(현지인)처럼은 안 돼 **61**
내면의 영혼을 개선시키는 게 진정한 노동 **65**
하늘은 거두어 가려면 한꺼번에 거두어 간다 **68**
한두 가지 주요 항목만으로 봐야 선택폭 넓어져 **72**

II. 밥벌이
— 창조적 상상력을 자유자재로 활용하는 사람이 천재

현실은 법보다 주먹이 먼저? **78**
조직의 쓴맛은 매섭기가 청양고추보다 더해 **81**
인맥 쌓기에 가장 좋은 방법은 자기가 먼저 베푸는 것 **84**
창조적 상상력을 자유자재로 활용하는 사람이 천재 **87**
후배를 잘 키우는 것, 리더의 중요한 일 중의 하나 **91**
'고비용 저성장' 불행 막을 현자는 어디에? **94**
'옳고 그름'이 아닌 '좋고 싫고'만 살아 있으니… **97**
'시스템 구축' 사업이 '단품 생산'보다 낫다 **98**
미국지역전문가… 인생에서 가장 빛났던 시간 **100**
인생 두 길… 어떤 길을 가느냐 하는 가장 어려운 결단 **107**
퇴직 이후 어떻게 하느냐는 결국 각자에게 달려 있다 **110**
인간이란 세상 놀음의 한 톱니바퀴에 불과한지도 **115**
이젠 농업을 영세업종으로만 여길 일이 아니다 **119**
역사의 수레바퀴가 돌고 도는 듯하여 **121**
여행은 삶과 같이 계획대로 되지 않고… **125**
한줄 한줄 다시 읽고 그날을 얘기한다면 너무 길어질까 **127**
생존이든 고상한 뜻이든 진흙 속에서 노닐지 않으면 **131**

III. 행복과 만족
― 두 할머니는 같이 손잡고 밭두렁에 나갔다

평균 3%의 염도가 바닷물을 썩지 않게 만든다 **142**
먼저 사랑하기 때문에 사랑을 받게 되는… **143**
행복이 필요 없다고 느끼는 사람이 가장 행복 **147**
공동체는 외형적 모습·체제가 아니라
그 안에서 맺는 인격적 관계의 총합 **152**
내리는 눈을 가만히 바라보니 실제로 소리가 들릴 것처럼… **153**
두 할머니는 같이 손잡고 밭두렁에 나갔다 **155**
지구는 태양을 돌며 흔들리고,
인간은 살아가면서 끊임없이 떨린다 **158**
부자 동네에 거지가 살고, 거지 동네에 부자가 산다? **161**
임금 수라상에 오른다고 '상수라'라고 하다가… **165**
그 해녀들도 한때는 공주였으려나… **168**
켄 로치 감독에게 더 공감하고
휴머니즘을 얘기해 주었어야 할 것을 **172**
덧없고 무상한 것들은 자신의 자아로 간주하지 말라 **173**
반려견이 승복 입고 염주를 걸고 **179**
이렇게 돈을 안 쓰면 조폐공사도 할 일이 없어지려나 **182**
원폭 투하 후 오펜하이머가
"내 손에 피가 묻은 것 같다."라고 하자 **185**

희망과 절망은 합하여 100%,
자존심과 자존감도 합하면 역시 100% **188**
인간의 삶은, 벽 그 자체…
본질적으로 인간은 우울한 존재다 **190**
어정쩡한 타협주의는 문제를 더 꼬이게 한다 **193**
가상화폐… 갈까 말까, 돌아서서 갈까 망설임의 연속 **195**

IV. 베이비부머 세대
― 코페르니쿠스는 별을 포기하면서 우주를 얻게 되었는데

나는 이제 내 인생에 겸손해야 한다는 것도 알고 있으며… **202**
삶은 속도가 아니라 방향이니까 이 방향으로 쭉 **209**
얘기가 끝나고도 길게 남아 있을 그러한 표현을 찾아내야 **215**
문학은 삶의 한 부분을 정제하여 드러내는 이미지화된 산물 **219**
사람은 나를 사랑해 주는 사람,
내가 사랑할 생명이 반드시 필요하다 **224**
논픽션 영역의 양서까지도
꾸준히 발굴, 번역 작업 지속해야 **228**
코페르니쿠스는 별을 포기하면서 우주를 얻게 되었는데 **231**

I. 나의 인생관

누구나 서로 존중하고 사랑하고

✸ 두데기를 그리며

   누비처네는 끈이 달린 누비이불을 말한다. 아기를 등이나 앞쪽에 놓고 이불로 감싼 뒤 고름을 이용해서 아기의 엉덩이를 받치고 둘러맨다. 이 물건을 포대기라고도 하는데 경상도 사투리로는 두데기다.
   옛날에는 아기를 낳으면 악귀가 덤빌까 봐 삼칠일, 그러니까 21일 동안 출입문 앞에 금줄을 쳤다. 남아는 고추를 달고, 여아는 숯을 달았다. 6·25 지나고 난 당시에는 너나없이 살기가 어려웠고, 먹고살기 위해서 그리고 아이 학교 보낼 일을 생각해서 많은 사람이 도회지로 나갔다. 남편은 지게에 온 살림을 얹었고, 애 엄마는 떨어지지 않으려는 아기를 두데기로 등에 업고 양손에 짐을 들고 따라나섰다. 일자리 찾아 도회지로 이사 가는 당시의 모습을 찍은 사진이 눈에 선하다.

제대로 된 간식이 없으니 아기는 두 돌 지나고서도 자꾸 젖을 찾게 된다. 바쁘고 힘든 엄마는 젖꼭지에 금계랍(金鷄蠟, 키니네-Quinine, 학질에 먹는 쓰디쓴 약)을 발라서 젖을 떼게 했다. 엄마도 애도 모두 다 힘든 시절이었다. 그런데도 애들을 많이 낳았다. 다섯은 보통이었다. 먹고살기 힘든 시절에 아이들이 너무 많다 보니 정부 주도로 산아제한 운동이 펼쳐졌다. '둘만 낳아 잘 기르자'를 지나 '하나라도 남부럽지 않게 잘 키우자'는 표어가 등장했다. 그런데 어느새 요즈음은 결혼 안 하는 풍조, 애 안 낳는 풍조가 만연하여 비상이 걸렸다.

젊은 사람들이 애를 안 낳는 이유가 집값이나 교육비가 부담되는 데다가 직장 생활과 육아를 병행하기 어렵기 때문이라고들 한다. 하지만 제일 근본적인 이유는 내가 애를 낳았을 때 비교 선상에 있는 다른 집처럼 해줄 자신이 없어서 그렇다는 거다. 한마디로 경쟁심리, 내가 처져 있으니 앞으로도 따라잡을 자신이 없으니까 그런 것이란다. 즉, 왜 출생률이 낮나? 그것은 경쟁심리가 높기 때문이라는데, 그런데 경쟁이 없고 갈등이 없는 그런 세상이 어디에 있나.

노벨 문학상을 받은 한강 작가 자신은 애를 안 낳으려 했었다고 한다. 그 이유가, 못다 이룬 꿈을 자식의 인생에 이르러 성취하겠다는 식의 소유욕에 염증을 느낀다는 것이었다. 냉혹한 요즈음 사회현실을 볼 때면 고민 없이 아이들을 낳는 사람들이 무책임하게 느껴졌었다고 한 대목도 있다. 그러나 다행히 한 작가는 남편과의 대화에서 자신의 그런 생각이 무너졌다고 했다. 한강이 기억하는 그들 부부의 대화는 이랬다.

남편이 말했다. "세상은 살아갈 만도 하잖아. 그렇다면 한번 살아보게 한다고 해도 죄짓는 일은 아니지 않을까?"

"세상에 아름다운 순간이 분명히 있고 현재로서는 살 만해. 그러나 아이가 그런 생각에 이를 때까지의 터널을 어떻게 빠져나올지, 과연 빠져나올 수는 있을지. 내가 대신 살아 줄 수 있는 몫도 아니고 어떻게 그걸 다시 겪게 하나?"

"이 세상에 맛있는 게 얼마나 많아. 여름엔 수박이 달고, 봄에는 참외도 있고, 목마를 땐 물도 달잖아. 그런 것 다 맛보게 해주고 싶지 않아? 빗소리도 듣게 하고, 눈 오는 것도 보게 해주고 싶지 않아?"

한강은 다른 건 몰라도 여름에 수박이 달다는 건 분명하고 진실로 느껴졌단다. "설탕처럼 부스러지는 붉은 수박의 맛을 생각하며 웃음 끝에 나는 더 이상 할 말을 잃었다."라고 회고했다.

또 다른 어떤 여성은 이렇게도 말한다.

"화목한 집에서 태어나야만 하는데 하늘에서의 지정이 잘못되어서, 가정불화도 있고 가난한 이런 집에 태어났더니, 외모도 그저 그렇고 가방끈도 짧고 특별한 재능도 없고, 그래서 사는 게 재미없고 짜증 난다. 그런데 그저 그런 놈하고 결혼해도 임신, 출산, 육아로 내 몸 망가지고 고달프기만 하다. 그래서 자기들 자식들도 자기들처럼 그저 그런 아이들로 태어나고, 조그만 교실 안에서도 서열 갈리는 환경에서 자라날 거다. 내 자식은 인생 즐기지도 못하고 하고 싶은 일 아닌 어떤 회사의 부속품으로 살다 죽게 될 것이 100% 확정적이다. 그렇게 되게 만들고 싶지는 않다."

요즘 젊은 사람들은 '가난한데도 애를 낳는 것은 죄'라고 생각한다. 더 나은 세상을 물려줄 가망도 없는데, 그런 자신도 없이 둘, 셋 낳는 건 아이들 인생을 망치는 것이라는 얘기다. 그들 생각이 아무리 일리가 있다고 해도 아이들을 '투자'와 '미래 가치'라는 프레임으로만 본다는 건 어쩐지 씁쓸하다.

여자들이 애를 낳기 두려워하는 데는 경제적인 문제도 있지만, 또 다른 이유는 남자에 대한 믿음과 신뢰도가 낮아서 그렇다는 사람들도 많다. 즉, 결혼 후 딩크스(무자녀 맞벌이 부부)로 살고자 하는 여성들은 자신의 보호자가 되어야 할 남편에 대한 믿음이 크지 않아서 그렇다는 것이다. 그러나 가족 중심의 한국 사회에서는 애가 없다는 것에 대한 사회적 편견이 심하고 노후 문제가 있을 뿐 아니라 자녀를 양육하며 얻는 기쁨이나 가족 간의 유대감을 형성하는 경험을 하지 못하게 된다는 걱정도 함께 가지고 있다.

자녀를 키우면서 직장 생활을 하는 사람들인 듀크족이라는 부류도 있다. A 씨는 네 자녀를 기르는 맞벌이 부부다. 첫째가 중학생이고 막내는 6살이다. 주변에서 "하나도 버거운데 그 엄마는 걔들을 어떻게 다 건사하나?" 또는 "엄마도 힘들겠지만 애들도 안됐다."라는 걱정 아닌 걱정이 쏟아져 나왔다. B 씨는 자녀 하나만 갖고 싶다고 했다. 그 이유는 남부럽지 않게 키우고 싶은데 자기의 수입으로는 한 명이 적당하다고 생각한다. C 씨는 경제적으로 풍족한데도 남자아이 하나만 키우는데 그 이유는, 애한테 정성을 쏟고 육아에서 만족감을 얻기 위해서란다. D 씨는 미국에서 학위만 따고 돌아올 예정이었지만 부부가 고민 끝에 남기로 했단다. 연고도 없는 곳에서 아이들 때문에 이민을 결정했다는 것이다. 미국사회도 경쟁 없이 사는 천국이 아닌 줄은 알지만….

아이를 풍족하게 키우거나 잘 키워서 성공시키는 게 나쁠 이유는 없다. 하지만 육아에서 무엇보다 중심이 되어야 할 건 아이와 부모의 행복한 시간 그리고 그런 육아의 과정이라는 인생 선배들 말씀을 새겨들어야 한다. 아이를 갖느냐 안 갖느냐의 선택에서도, 그런 것들이 먼저 고려되어야 한다는 것이다. 비록 내 아이에게 값비싼 교육과 옷, 좋은 집을 주지는 못했지만, 매일 저녁 아이들과 함께 웃고 떠드는 시간이 행복했고, 생각해 보면 돈을 많이 들여서 키우는 것이 반드시 번듯한 미래를 보장하는 것을 의미하지는 않는다. 설사 부딪힐지언정 어떤 미래를 그릴지 함께 고민하고 갈등을 해결해 나가는 것이 인생일 것인데…. 다시 한번 잘 생각해야 할 문제다. 아이를 업은 두데기가 보고 싶다.

✳ 주님 뜻대로 하옵소서

온 국민이 겪었던 일제의 침탈과 6·25 전쟁의 아픔은 나의 가족에게도 예외가 아니었다. 1920년대 조부는 해도 해도 농사일의 끝이 없고, 도무지 재산도 일굴 수가 없었다. 그 당시의 많은 사람이 그랬던 것처럼, 농촌의 참담한 현실을 벗어나 보려고, 도시로 나가서 새로운 것을 해보겠다고 일본 오사카까지 갔다. 조부는 이민진의 소설 『파친코』에 나오는, 말할 수 없는 고생을 하는 그 조선인들처럼 오사카에서 장사를 하며 살았다. 조모도 갓난아이를 업고 남편을 따라 일본으로 갔었다.

해방을 맞이하자 그동안 겪던 민족차별의 설움을 떨쳐 버리려고 조부모는 우리나라로 돌아왔다. 그런데 나의 아버지는 다니던 학교를 마치려고 홀로 오사카에 남아 있었고, 이후 조선소 기술자가 되었다. 아버지는 1950년 5월 초 휴가를 받아 가족이 있는 칠곡군 약목면 집으로 돌아왔다. 그러나 얼마 지나지 않아 전쟁이 나는 바람에 대구에서 국군에 징집(당시 24세)되었다. 나중에 안 사실이지만 아버지는 육군 6사단에 배치되어 압록강까지 진격했다가 중공군 때문에 후퇴할 때 장진호 부근에서 인민군에 붙잡혀 포로가 되고 말았다. 포로 생활을 하며 말 못 할 고생을 하다가 1954년 포로 교환으로 가까스로 풀려나 의병 제대 했다.

한번은 이웃 아주머니가 "아버지는 언제 돌아가셨나?" 하고 물었었는데, 나는 초등학교 1학년답게 씩씩하고 당당하게도 6·25 전쟁 때 공산군과 싸우다가 전사하셨다고 거짓말 아닌 거짓말을 했다. 그때 그 아주머니는 갸우뚱하면서 더 이상 아무 말도 하지 않았다. 그때가 1968년 여덟 살 어린 나이였으니 1950년에 일어난 전쟁을 고려하면 18세 정도는 되어야 한다는 것을 나중에서야 알았다. 커서는 그게 마음에 걸려 아파하던 중 2004년 영화 「태극기 휘날리며」를 보고, 나도 병무청, 육군본부 등등에 아버지를 찾는다는 민원을 수차례 제기하였고 몇 개월 후 마침내 육군본부로부터 아버지 기록을 찾았다는 회신공문과 군번을 받았다. 이후 보훈청에서 노무현 대통령 명의의 참전유공자 유공증을, 나중에는 국가유공자로 통합되어 이명박 대통령 명의의 국가유공자 대통령 표창을 받았다.

귀국 후 약목면에 정착을 했던 가족은 일본에서 가져온 상당한 재산을 전쟁 통에 불타 잃어버리는 참화를 당해 가난해졌고 조부도 돌아가셨다. 6·25 전쟁 당시 북한군이 낙동강 건너편인 약목지역에 집결하고 있었으므로 미군은 2차 대전 이후 최대의 폭격을 가했다. 그 지역에는 소나무 한 그루 성한 것이 없었다. 아버지는 제대 후 몸을 치료하면서도 시골 생활에 적응하려고 나름 노력을 하였으나 여의치 못했다. 아버지가 쟁기질을 할 때면 황소한테 "우향우! 좌향좌!"를 외쳤다는 말을 들었었다. 아버지는 이웃의 소개로 옆 동네에 살던 어머니를 만나 결혼(1957년)했고 이촌향도(離村向都)의 시대 흐름에 따라 대구로 나왔다. 그러나 어머니가 누나 낳고 나를 임신하고 있을 때, 그러니까 35세의 나이로 아버지는 돌아가셨다(1961.02.09.). 집안의 기둥이어야 할 남자 두 사람이 잇달아 돌아가시고 내가 태어났는데(1961.04.14.), 그나마 유복자를 낳아 대를 이었다고 다들 좋아했었다고 한다.

온 가족의 끔찍한 돌봄으로 나는 나름 사랑받으며 자랐다. 그렇지만 사회 경험 하나도 없이 27세에 청상과부가 된 어머니는 험한 세상 밖에 나가서 돈을 벌어야 했으니 할머니와 어머니의 고생은 말로 다 할 수가 없었다. 그런 어머니가 말년에 성당에 가서 다른 친구 할머니들 몇몇이 핸드폰을 갖고 통화하는 것을 보고 와서는 신기해하며 "나도 하나 있었으면 좋겠다."라고 하셨었다. 그런데 그걸 사드리기도 전에 돌아가시고 나니까 정말 후회된다. 살아계실 때 잘해야 그게 효도라는 옛말 그대로다.

할머니는 고단한 삶을 살면서 고비마다 성당에 나가 기도를 올리곤 했다. 나는 어릴 때 따라서 가보기는 하였으나 그뿐이었다. 언젠가 날뫼성당 문안에서 초등학교 친구였던 아이가 다른 아이들과 어울려 놀고 있는 모습을 보고는 성당에 다니고 싶다는 생각을 했다. 이후 가톨릭 재단의 중학교에 배정되어 자연스레 성당에 가게 되었고, 누나 같은 수녀님도 만나게 되었다. 한번은 친구 집에 놀러 갔다가 그의 어머니가 아들을 다정스레 "도마야!" 하고 부르고, 친구가 "네." 하고 답하는 모습을 보니 무척 부러웠다. 그 이후 날뫼성당에서 세례를 받으며 '도마'라는 세례명을 받았고 주일학교도 다녔다. 대학생 때는 주일학교 교리교사도 했다. 성당 선배, 후배나 동기 중에서도 신부가 탄생하였던 터라 자연히 나도 익숙하게 신자가 되었다.

내가 성당에서 결혼하고 나서는 어머니도 성당에 다니기 시작하면서 온 가족이 천주교 신자가 되었다. 직장 따라 서울로 오고도 구역장 레지오단장을 하였다. 평생 고생만 하시던 할머니와 어려운 시기에 집안의 기둥이 되어 주셨던 어머니 그리고 묘터를 중요하게 생각하시던 장인과 또 중풍으로 고생하시던 장모도 성당에서 장례미사를 한 다음 대구시 군위 가톨릭묘지에 모셨다. 아내도 성가대에 나가고 우리 아이들 유아세례는 물론이고 사위, 며느리도 성당 가족이 되었다. 새로 태어나는 손자들도 어릴 때부터 함께 식사 전 기도를 하고 있다. 천주교 신자들만 경험하는 것이지만 성당미사 말미에는 영성체 예식을 한 다음 묵상을 한다. 나의 영성체 후 기도는 이렇다.

"주님의 자녀로 태어나 생활하게 하시고, 주님의 사랑을 실천하게 하시어 이웃에 평화를 가져오게 하시고, 주님 뜻대로 제게 이루어지게 하시고, 마지막 날에 저의 영을 주님 손에 맡기나이다. 우리 주 그리스도의 이름으로 비나이다. 아멘."

✽ 어머니의 공로

어린 시절 어느 날 갑자기 동네 친구 김남철이 초등학교 입학 통지를 받았다고 자랑자랑하는 바람에, 같은 또래이니까 어쩌면 나도 학교에 갈 수 있다는 희망을 갖게 되었다. 그러나 조모가 동사무소에 달려가 항의한 끝에서야 가까스로 입학통지서를 받았다. 당시의 행정도 그렇고 우리 집의 교육 환경도 그랬다. 그래도 취학 전 한글은 깨우쳤기에 입학식 날 벽보에 붙은 내 이름을 찾아서 내가 1학년 7반에 배정된 것을 알아냈다.

4학년 때, 평소 나를 잘 챙겨 주시던 담임 여선생님이 결혼하는데 반장인 내가 초청을 받지 못했다. 가봐야 한다는 일종의 의무감이 있었던지 어찌어찌하여 결혼식장에 가기는 했다. 그런데 막상 식장에 가보니 부반장 여자아이와 다른 잘생긴 남자아이가 화동(花童)을 하더라니…. 우리 집은 화동이 입어야 할 양복을 준비할 형편이 못 되었으니까 아예 나에게는 부탁도 안 했던 것인데, 그때의 충격은 잊지 못한다. 그래도 성장한 이후로는 그게 선생님의 배려였으니 그럴 수도 있다고, 그 여선생님을 이해하고 있다. 살아계신다면 꼭 한번 뵙고 싶다.

당시 까만 중학교 교복의 칼라만큼은 흰색이었는데 조모가 항상 새것으로 해주었다. 얼굴도 통통하고 반장이었으니 옆 반 선생님은 내가 부잣집 아이인 줄 알았는지 담임 추천으로 가난한 아이들에게 주는 장학금을 받을 때 나를 반대했다고 했다. 우리 담임 선생님의 추가 설명 끝에 장학금을 받기는 했다. 하지만 어린 마음에 부끄럽기도 하고 오기도 발동하여 그때부터 가난하다고 주는 돈은 받지 않는다는 원칙을 세웠다.

나의 세 아이에게도 공부를 잘해서 받는 장학금은 받되 가난해서 주는 장학금은 받지 말라고 항상 주지시켰다. 산아제한 정책으로 한동안 셋째는 출산할 때 건강보험 적용도 안 해주던 정부 정책이 저출산 시대가 되자 180도 바뀌었다. 출산장려책으로 세 번째 아이는 대학 등록금까지 주겠다고 했다. 일시적으로 마음이 흔들리기도 했다. 나중에 정부가 하위소득자에게만 선택적으로 주겠다고 변경했었는데, 가난을 조건으로 주는 돈을 안 받아 온 자존심을 지키게 해주어서 고맙다고 해야 하나….

중학교 수학여행지를 정하는 반장 회의가 열렸다. 대구지역에서 당시 여행지로는 남해 한려수도가 대세였으나 나는 서울로 갈 것을 주장했다. 학년 주임 선생님이 왜 서울로 가야 하는지를 교단에 나가서 다른 반장들 앞에서 설득해 보라고 했다. 나는 평소의 생각대로 "대장부가 큰 인물이 되려면 반드시 서울을 알아야 한다."라고 열변을 토하였다. 반장들에게 과반수 찬성표를 얻고 선생님이 받아들이고 교장 선생님이 승인하여 수학여행지가 마침내 서울로 결정됐다.

1974년 봄, 대구역에서 2학년생 500여 명이 기차를 대절하여 수학여행을, 그것도 서울로 갔다. 마침 그해 지하철 1호선 시운전 행사가 있어서 우리 모두 시승에 참여하기도 했다. 임진각, 북악스카이웨이와 경복궁을 돌아 청와대 입구에서 태극기를 선물받던 그때 일은 잊을 수가 없다. 당시는 "말은 제주도로, 사람은 서울로"라는 말이 있던 이촌향도(離村向都) 시대였다. 그때부터 우리 가족이 서울에 옮겨 와 자리 잡고 있었으면 더 달라졌을 것이라고 하는 얘기도 나중에 있었지만, 역사에는 가정이 없다. 하여간 첫 직장이 서울이었던 덕분으로 그 이후에 서울로 와서 다 함께 살고 있다. 세상 모두가 다 마찬가지이겠지만 유복자로 태어난 나에게는 가족이란 남다른 의미를 지닌다. 다복한 가정을 만든다는, 어쩌면 평범하기도 쉽지 않은 이 문제와 관련하여 나는 가장으로서의 의무는 어느 정도 완수하지 않았나 하는 생각이 들 때도 있다.

고등학교 때 공부는 제법 잘했던 듯하다. 지금 관점에서 보면 선행학습이 없었고 오로지 학교 수업만을 열심히 하는 성실한 학생이었을 뿐이어서 나 정도 수준의 학생은 사실 경상도 말로 천지삐까리였다. 당시는 본고사만 있던 시절이고 학교 내 성적보다는 대학입시에 좋은 결과를 내는 것이 최선이던 때인지라 3학년 때는 국·영·수를 제외하고는 자율학습이 많았다. 그런데 소위 공부 잘한다는 놈들이 몇 시간씩 사라지곤 해서 이상했다. 알고 봤더니 그들은 그룹 과외를 받으러 간 것이었다. 가난한 나는 다른 엄마들이 제외한 것이었다. 나도 어머니에게 얘기했으면 어머니가 어떻게든 해 주셨을 텐데…. 그러나 지금 생각해 보면 나에게 말조차 꺼내지 않은 다른 엄마들의 어른다운 생각이 오히려 맞는 것이었을지도 모른다고 충분히 이해된다.

은퇴 이후 고교 동기 모임에 가보면 그때 얼굴들이 좀 남아 있고 여전히 서로들 반가워한다. 종종 가까운 곳을 등산한 이후에 막걸리 한잔하면서 옛이야기를 나누는데, 그래도 고교 친구만 한 모임이 없다. 사업을 크게 성공한 친구, 고위 공무원을 지낸 친구, 교수로 아직 현역에서 뛰는 친구, 은퇴하고 여유를 즐기는 친구, 사업하느라 바쁜 친구⋯ 만날 적마다 다들 반갑다. 그러다가 보면 자녀 결혼, 부모상 얘기에 이어 아내상, 본인상 얘기도 심심치 않게 나온다.

진학 상담 때 서울대 사대, 경북대 상대를 추천받았고 집안 형편이 되면 사립대인 연고대 상대도 지원해 보라고 했지만 장사하는 어머니 얼굴이 떠올랐다. 문제는 대학과 관련된 모든 것이 우리 집안에서는 내가 처음으로 겪는다는 사실이었다. 아무도 그 길을 간 사람이 없었기 때문이다. 어머니는 물론이고 삼촌도 누나도 내가 아는 가까운 사람 중에는 대학 다닌 사람은 아무도 없었다. 그러니 나의 선택에 누구도 구체적인 조언을 해 줄 사람이 없었다. 슬펐다. 그다음 날 집에서 통학할 수 있는 경북대 상대를 적었다. 어떤 사람은 어머니가 치맛바람을 일으켜 학교에서 우등상 받게 하고 어떤 사람은 대학시험 떨어지니 외국 유학을 가고 어떤 사람은 좋은 아버지가 있어 9수를 했다고 하고…. 그래도 나는 그 흔한 대학 구경도 못한 채 기름밥 먹은 사람들보다는 나았으니 다 어머니의 공로다.

선배에게서 대학생 교복을 빌려 입고 입학식에 갔다. 하나의 구경거리였던 탓에 우리 가족이 모두 참석했던 기억도 있다. 대학 생활은 초중고와는 확연히 달랐다. 어떤 수업을 들을지, 언제 할지 모두 내가 정하는 것이라 오히려 혼돈스러웠다. 개강한 후 얼마 안 되어 군부정권 소식이 나오더니 대학가 시위는 격렬했다. 최루탄이 난무한 거리를 어깨동무하고 구호에 맞춰 뛰었다. 집으로 가는 길에 목말라 약국에서 박카스 한 병을 마셨는데 약사는 돈도 안 받고 수고했다고 그냥 가라고 했다. 5·17 조치로 군인들이 학교 정문을 막아서자 집에서만 맴돌았다. 어떻든 그래도 대학에 합격하고 나자 과외를 부탁하는 사람이 꽤 많았다. 1학년 여름 방학 무렵 개인 과외 금지 조치가 나올 때까지 상반기 동안에 꽤 짭짤한 수입을 올려 집에 전화도 놓고 냉장고도 샀다. 공부하니까 돈도 번다고 좋아들 했다. 그렇지만 과외가 금지된 것은 잘되었다고 생각한다. 나도 그랬지만 가난한 고등학교 학생에게는 부당한 차별을 주는 일종의 반칙이라고 생각되었기 때문이다.

1학년 말 그러니까 2월경 아쉬움 때문에 연세대에 2학년 편입시험이 있다고 해서 가보니까, 원서 접수 시 1학년 수료증 첨부가 되어야 한다는데 1학년 수료증은 3월 1일부터 발급 가능했다. 갈 길 바쁜데 1년 손해 볼 수는 없는 것이어서 쯧쯧…. 당시에 경북대에는 나와 비슷한 생각을 하던 사람들이 꽤 많았던 듯하다. 2학년 때는 사실 경제학과, 경영학과의 특성도 제대로 구분 못 하면서 경제학과를 선택했고, 동아리 공부 하면서 영어 스터디도 하고 성당에서 주일학교 교리교사도 하고 나름 바쁘게 뛰었다. 3학년부터는 고시 공부를 한다고 나서기도 했는데 인생진로를 고민할 때는 많이 괴로워했다. 4학년 말경 군 신체검사통지가 나오자, 더더구나 집안 형편과 나의 부족한 능력으로 한층 더 인생진로를 고민했다. "괴로워도 슬퍼도 나는 안 울어." 하며 고민 그것도 접고 삼성에 취직하였다. 석사 자격을 가지면 인생살이 더 나을까 싶어 대학원 야간과정에 등록까지 하고 욕심을 내어 보았으나 이는 턱도 없는 일이었다. 당시 대기업은 월화수목금금금 매일 야근을 밥 먹듯이 하는 돌격의 시대였으니….

✳ INTJ, 고독한 뇌섹남?

언젠가 누군가가 천기누설이라는 말의 '천기' 그 한자가 무엇이냐고 물었을 때 대부분 天氣라고 하였다. 그런데 천기는 天機이고 天機漏洩이어서, 천기는 하늘 기계, 하늘의 톱니바퀴를 말하는 것으로서 나아가 우주원리, 하늘 비밀, 인간 운명을 뜻하는 것이었다. 그런데 인간 운명을 말할 때 그것은 우연이 아니고 잘 짜인 우주원리가 그 속에 숨어 있다고 보고 사람들은 이를 밝히려고 많은 노력을 해왔다.

중국의 복희씨가 팔괘(八卦)를 만들고 신농씨가 64괘로 나누었으며 주(周)나라 문왕이 사(辭)를 붙여 주역(周易)이 만들어졌다. 뒤에 아들 주공이 효사(爻辭)를 지어 완성하였고 공자가 십익(十翼)을 붙였다는 것이 통설이다. 처음에는 점서(占筮)를 위해 만든 역(易)이 후대 학자들에 의하여 철학적인 사상적 의미가 부가되었던 것이다. 명리학(命理學)은 사람의 사주(四柱. 출생 연월일시)에 근거하여 사람의 길흉화복, 즉 운명을 알아보고자 하는 학문으로서 사람이 출생한 연월일시에 나타난 음양(日月)과 오행(火水木金土)을 배합하고 십간(十干)과 십이지(十二支)를 조합하여 60주기로 시간과 방위 각도 등을 나타내는데 간지(干支)는 음양오행설(陰陽五行說)을 결합하여 사주

팔자(四柱八字), 팔자명리(八字命理) 등으로 더욱 발전함으로써 그 사람의 부귀빈천, 부모 형제, 징병, 직업, 결혼, 성공, 길흉 등의 제반 사항을 판단하는 것이었다. 토정비결(土亭祕訣)이라는 것도 있는데, 출생 연월일의 태세(太歲) 월건(月建) 일진(日辰)의 3주(三柱)만을 고려하는데 이를 주역의 음양설에 비추어 인간의 일 년 길흉화복(신수 身數)을 설명한다.

결국, 천기누설이라 하면 하늘의 비밀이 새어 나간다는 뜻으로, 누설되면 큰일 나는 중대한 기밀이 새어 나가는 것을 비유적으로 이르는 말이다. 하늘의 비밀은 한 사람의 운명을 말하는 것이고 그 운명을 예측하려는 시도, 그것은 곧 천기를 누설하려는 시도라고 할 것이다. 그러나 이것들은 인구가 얼마 안 되던 시대의 통계기법이라 오늘날에는 그냥 재미로 보는 정도가 되고 말았다.

서양에서도 인간의 성격을 알아보고자 하는 노력이 계속되어 왔고, 오늘날은 더욱 정교한 방식이 많이 나오고 있다. 이들에 의하면 인간의 성격을 결정짓는 것은 지성·의지·감성의 3가지 조합이다. 예를 들어 불났을 때, 사람들의 여러 가지 유형을 분석해 보면 이렇다.

첫째 유형은 먼저 소화기를 찾으며 119에 연락한다. 주로 지성에 의해 움직이는 '머리형'이다. 이런 머리형은 감정에는 둔감하나 이성적이고, 사고(思考) 중심이어서 먼저 생각을 하면서 정보를 수집하고 행동은 나중에 하는 형태를 보인다. 동물로 보면 '매'와 같다고나 할까.

둘째 유형은 남보다 먼저 불을 뚫고서 주도적으로 용감하게 안전지대로 탈출한다. 의지를 가진 '장(腸)형'이다. 장형은 본능적이고 파워풀하며, 끈기 있고 통제 욕망이 있고 배짱이 있으며 매사 주도적이며 '호랑이'가 연상된다.

셋째 유형은 먼저 "불이야!" 외치고 주변 사람 구조에 나선다. 감성을 가진 '가슴형'이다. 따뜻한 마음씨를 지녔고, 타인의 아픔에 민감하며 인간관계를 중시하고 이미지에 관심이 많다. '사슴'이 생각난다. 물론 보통은 사람이 복합적 형태를 띠고 있기가 쉬워서 내가 어떤 유형인지 얼른 알기는 어렵다.

에니어그램(Enneagram)은 원과 그 안의 삼각형 세 개로 이루어진 도형으로서, 원은 모든 성격과 어울리는 이상적인 원만함을 상징하고 삼각형은 균형의 일치감을 나타내는데, 성격 유형을 9가지로 파악한다.

먼저 머리형 중에는 첫째로 '사색가형'이 있다. 탐구자, 과학자 경향을 보이며 정보는 많으나 실행력이 없는 경우가 많다. 둘째로 '낙천가형'이 있는데 열정적이고 자유분방하며 조금조금씩은 팔방미인이다. 그러나 한 가지 일을 끝까지 하지 못하고 현실을 도피하는 경우가 많다. 셋째로는 '충성가형'으로 충실하고 책임감 있으나 돌다리 두드려보지 않고도 안 가는 수가 있다.

또 장형 중에는 첫째로 '지도자형'이 있다. 힘 있게 도전하는 사람을 나타내지만 때로는 약함을 드러내도 괜찮을 것이다. 둘째로 '중재형'이 있다. 평화주의자이고 갈등을 해결하는 것이 그의 인생이다. 셋째로는 '개혁가형'이 있다. 사회를 개혁하는 데 몸을 바친다. 그러나 둘째와 셋째 유형은 자신에게는 실속이 없다. 마지막으로 가슴형 중에는 첫째로 '조력가형'이 있는데 사랑으로 주변을 도와주는 사람이지만 그러면 내가 원하는 것은 어떻게 할 것인가에 답은 없다. 둘째로 '성취형'이 있는데 성취자로서 티를 내고 싶어 한다는 점이 지적된다. 셋째로는 '예술가형'이 있는데 특별함·남다름을 특징으로 하고 굳이 말하지 않아도 보통 사람들과는 다르고 이미 특별하다.

나는 머리형에 낙천가형이 나왔는데 재미있다. 또 성격을 알아보는 데 널리 쓰이는 방법이 하나 더 있다. MBTI(Myers Briggs Type Indicator)는 자기 보고식 성격 유형 검사로서 4가지 분류기준에 따라 16가지 심리유형 중의 하나로 분류한다. 선호지표를 비교해 '에너지의 방향에 따라 외향인가 내향인가?', '인식기능에 따라 감각인가, 직관인가?', '판단기능에 따라 사고인가, 감정인가?', '생활양식에 따라 판단인가, 인식인가?' 등으로 나누는 것인데 나는 INTJ가 나왔다. INTJ형은 행동과 사고에 있어서 독창적이다. 내적인 신념과 가치관은 산이라도 움직일 만큼 강하다. 16가지 성격 유형 중에서 가장 독립적이고 단호하며 문제에 대하여 고집이 세다. 자신이 가진 영감과 목적을 실현시키려는 의지와 결단력과 인내심을 가지고 있다. 자신과 타인의 능력을 중요시하며 목적 달성을 위하여 온 시간과 노력을 바쳐 일한다. 또 행동에서뿐만 아니라, 생각에 있어서도 냉철한 혁신을 추구하는 사람들이다. 그들은 이미 확립된 권위와 널리 수용된 신념이 있음에도 불구하고 진실과 의미를 추구하는데, 그들의 직관적인 통찰력을 발휘한다. 그런데 이들은 이면을 탐색해 내는 명석한 분석력 때문에 일과 사람을 그대로 수용하고 음미하는 것이 어렵다. 그러므로 현실을 있는 그대로 보고 구체적이고 사실적인 면을 보고자 하는 노력이 필요하다. 또한 타인의 감정을 고려하고 타인의 관점에 귀 기울이는 노력이 필요하다. INTJ형 남자의 특징은 고독한 뇌섹남, 논리정연 분석적임, 엘리트 이미지, 수학을 좋아하는 편, 개인주의자, 돌직구 잘 날림, 공감 능력 부족, 일 못하는 사람 싫어함, 기발한 상상력, 은근히 허당, 무뚝뚝함, 동물에겐 따뜻함, 친해지면 말 많음, 근자감, 일은 잘하나 눈치 없음, 계산적임, 효율적인 거 좋아함 등으로 나온다.

맞는 것도 같고 아닌 것도 같고 사주팔자(四柱八字)나 토정비결(土亭祕訣)처럼 역시나 심심할 때 재미로 볼 수밖에 없을 듯하다. 여기 연꽃과 선인장이 있다. 하나는 물속에서 크고 하나는 사막과 같이 물이 귀한 곳에서 자라는 종(種)이다. 씨를 바꾸어 다른 곳에 뿌리면 죽어 버린다. 그 사람의 특성에 맞추어 주면서 살아야 한다는 뜻이다. 여기 배추와 미역이 있는데, 배추는 소금 뿌리면 풀 죽고 절여지지만, 미역은 소금 뿌리면 고들고들해져서 싱싱하게 보인다. 같은 외부 영향을 받아도 받아들이는 사람들의 상태에 따라서 결과는 달라진다는 뜻이다. 다 자기 하기 나름이라는 얘기다.

✵ 누구나 서로 존중하고 사랑하고

결혼식에 가보면 주례사에 "오늘 이 부부는 해로(偕老: 검은 머리 파뿌리가 되도록 한평생 살며 함께 늙어 가야 한다는 뜻) 하시길 기원합니다."라는 말이 많이 나온다. 주례가 없이 부부끼리 하는 신식의 결혼식 선서에서도 같은 취지의 말이 나오곤 한다. 이뿐만이 아니라 성당 혼인 미사에서도 신부님께서 하느님께서 맺어 주신 것을 인간이 갈라놓으면 안 된다고 말씀하신다.

그런데 살다 보면 세상에는 이혼하는 사람들이 한둘이 아니다. 그래서 말인데, 현실에서 불가피하게 혼인에 실패하였고 도무지 회복할 수 없는 상황에 놓인 사람들에게는, '하느님께서 맺어 주신 것'이라는 혼인의 신성함을 일컫는 말이 오히려 그들에게 소외감을 느끼게 하거나, 이해심이 부족한 종교를 원망하게 하여 결국 하느님과 등지게 되는 수가 많아지기도 한다. 대부분 기독교 국가인 서양에서도 우리보다 이혼과 재혼이 더 많은데 도대체 이러한 점을 어떻게 받아들여야 하나.

그러나 이 말씀을 혼인이라는 제도에 국한하여 듣기보다 더욱 본질적인 부분을 염두에 두고 새겨들어야 한다. 사람은 혼자 있으면 언어도 생각도 배우지 못하며 온전한 인간으로 성장할 수가 없다. 그래서 하느님이 아담의 갈비뼈를 꺼내어 하와를 창조하셨다는데, 단순히 동화 같은 요소로 보기보다는 이 이야기가 전하는 메시지는 따로 있다. 인간은 하느님에게서 나온 존재로서 하느님 안에서 다시 하나가 되어야 한다는 것이다. 혼인은 하느님이 맺어 주신다는 그런 일치를 몸소 체험하는 대표 현장이기 때문이다.

그런데 하느님께서 맺어 주신 것을 인간이 갈라놓으면 안 된다는 말씀은 혼인에 실패했거나 사별한 분, 미혼으로 생을 마감한 분, 성직자와 수도자 등을 가리지 않으며 우리 모두에게 해당한다. 왜냐하면, 우리 모두가 하느님에게서 나온 존재이기에 모든 인간은 누구나 서로 존중하고 사랑하고 대등한 존재로 여기며 지내야 한다는 뜻으로 이해하여야 한다. 나아가 우리의 구체적인 삶 안에서 맘에 드는 사람이든, 불편한 사람이든 내 주변의 모든 사람은 하느님께서 맺어 주신 인연이라 여기며 감사하는 마음으로 지내야 한다는 뜻이기도 하다.

✳ 잔소리마저 정겨운 평생의 반려

상과대학 건물은 가장 구석에 있었고 사범대학은 그 중간에 있었다. 지나가다가 여학생 무리를 보고는, 우리 수컷들끼리 미인 선발대회를 해보는 쏠쏠한 재미가 있었고, 그중 몇몇과는 페스티벌의 파트너로 만나기도 했으나 그뿐이었다. 취직하고 나서 지인의 소개로 아내를 만났는데, 대학에서 본 그중의 한 사람이었다. 한동안 소위 연애를 하고 다녔는데 한번은 아내 왈 "그날 밤 당신이 손을 처음 잡았을 때는 전기가 짜릿했고 오줌이 찔끔 나왔다."라고 고백하였다. 그 이후 덕수궁에서 프러포즈하고….

결혼 후에는 맞벌이하느라 한동안 주말부부로 살았다. 교사로 있던 아내를 만나러 나는 원주에 다녔고, 아내는 남편을 만나러 서울 시청역 앞에 번갈아 왔었다. 직장 생활이 얼마나 바쁜지… 갈 때마다 표를 미리 구하지 못해 애를 먹었다. 매번 고속버스터미널을 출발하는 버스 앞에서 대기했다가 빈자리가 나면 고맙다고 인사하고서 곧바로 냉큼 타고는 즐거운 마음으로 다녔던 시절이 생각난다. 첫아이 낳을 때는 막달인데도, 그새를 참지를 못해 양수가 터지는 사고가 났고 그래서 아내가 출산에 큰 고생을 했다. 둘째는 자손이 귀한 집에 와서 아들 낳았다고 아내는 무척 좋아했다. 셋째는 내가 혼자 미국 있을 때 아내 혼자서 낳았다. 아내가 아빠 얘기를 좋게, 그것도 얼마나 많이 했던지, 귀국했을 때 처음 보는 아기가 아빠 왔다고 하니까 환하게 미소 지으며 단번에 와 안기는 영광이 있었다.

첫 휴가 때는 평생 홀로 고생하신 어머니와 어머니가 좋아하는 이모 그리고 누나를 모시고 백암온천을 갔다. 서울에 떨어져 살던 아내는 대구에 계시던 친정 엄마를 본다는 생각에 선뜻 동의는 하였으나, 나중에는 "어찌 시댁 식구들끼리 그럴 수가 있냐." 하고 삐치기도 하였다. 두 번째 휴가는 제주로 갔다. 비행기를 처음 타보는 어머니와 이모를 모시고 아내와 아이들이 모두 동행했다. 해수욕장 바닷물 속에서 즐거워하던 모습들이 아직도 눈에 선하다. 효도를 실행한 것이었으므로 아내의 속이 뱅댕이는 아니었다. 세 번째는 상해를 갔는데 아내와 우리 아이들만 갔다. 훌쩍 커버린 아이들과 함께, 당시의 가족 구성원으로서는 마지막이 될 여행이기에 추억도 만들 겸, 중국의 발전된 모습도 볼 겸 마련한 여행이었다. 아이들이 커서 가족들끼리 제법 얘기다운 얘기를 하는 좋은 기회였다. 엄마로서 조언을 주는 모습도, 애들끼리 새로운 발상을 얘기하는 것도 좋았다.

아내를 언급함에 있어서 빼놓을 수 없는 공적(功績)은 아이들 성장 과정에서의 역할이다. 첫아이는 공부를 잘하는 범생이였다. 새벽은 저 혼자 일어나 공부하는 미라클 모닝이었다. 서울대에 합격하여 아빠의 서울대 환상을 깨주었고, 이후 약사라는 직업을 갖게 되고 두 아이의 엄마가 되었다. 둘째는 아버지를 무척 따랐다. 아빠와 손잡고 가다가 잠깐 실수로 교통사고를 당하고도 별 탈 없이 성장하여, 성균관대에 진학했다. 철원에서 병장으로 근무할 때 목욕탕에 같이 갔었는데 등을 씻어 주면서 보니까 널찍한 것이 자랑스러웠었다. 지금은 회사원이 되어 아이 둘을 키우는 믿음직한 가장이 되었다. 셋째는 교대를 졸업하고 서울 시내 초등교사로 발령받아 근무하며 대학원도 다녔다. 붙임성이 있고 정이 많아서 지금도 아버지와 가끔 데이트하기도 한다. 내가 컴퓨터 작업을 하다가 안 되는 게 있어서 연락하면 즉각적으로 해결해 주는 효녀다.

그러니까 육아와 교육은 아내가 전적으로 담당했던 것인데, 나는 애들 입학식, 졸업식에 제대로 가지 못했다. 그나마 미안함이나 고마움도 표시하지 못했다. 세 자녀 출가가 끝나고 나서야, 바닷가 석양이 멋지게 비치는 제주도 한담해변에서 고등어회 한 상 차려놓고 소주 한잔 샀던 것으로 퉁쳤다. 영화 「러브스토리」에서 남자 주인공의 역할을 했었던 라이언 오닐은 "사랑한다면 결코 미안하다는 말을 하는 게 아니야(Love means never having to say you're sorry)."라고 말하는 명대사를 날렸다. 우리나라 사람들에게도 "사랑하는 사람에게는 굳이 고맙다고 말하지 않는다."라는 말도 있다고 덧붙여 본다.

한번은 도봉산 등산길에, 객기를 부려 다니지 말라는 길로 들어서서 한참을 가다가 보니, 암벽이 있었고 밧줄이 쭉 둘러 매여 있었다. 만만치가 않아 보였다. 아내가 걱정되었다. 되돌아가려니 날도 저물어 가고 멀고 해서 내가 먼저 솔선수범하여 어찌어찌해서 내려왔는데, 아내는 겁이 나서 도저히 못 하겠단다. 안절부절못하고 있는데, 어떤 등산 잘하게 생긴 남자 하나가 같은 길을 내려오더니, 선뜻 아내를 잡고서 내려주었다. 내가 정중히 인사를 했으니 이 친구 그냥 가도 될 텐데, 뭔가 아리송한 한마디를 툭 던졌다. 내가 듣기에는 "세상 남자들이 다 여자를 고생시키지요."라고 하는 것 같았다. 그런데 아내가 듣기에는 "남편 잘못 만나면 고생하지요."라고 그랬다는 것이었다. 생각해 보니 그런 것 같기도 하다.

내가 직장 다닐 때 힘들다고 푸념하면 아내는 맛있는 음식을 해주면서 참아보라고 다독였다. 그러면서도 "그만두어요. 또 길이 있겠죠."라는 말로 나를 믿어 주었다. 두 번째 직장에서도 그랬다. 그럭저럭 40년 직장 생활을 마치고 은퇴하자, '축 은퇴' 잔치를 해주었다. 내가 아파서 입원했을 때도 가장 가까이서 돌보아 주는 이는 역시 아내였다. 아내는 나에게 위안과 지지만을 보내 준 것이 아니라 가끔 영감도 가져다주었다. 세상의 거짓된 복잡성 속에서 인생의 단순한 진실을 발견하게 해주었고, 순종과 친절함으로 나를 대했으며, 유복자로 태어난 내가, 그토록 이루려고 바라던 온전한 가정을 만들어 줌으로써 나를 구원하였다. 이제는 정말 서로 인생의 동반자가 되었는데, 우리 부부의 여생은 얼마나 될까 궁금하다. 그래서 그런지 요즈음은 아내의 잔소리가 정겹다. 저 소리를 못 듣게 되면 어떻게 하나 생각하니, 새들의 노랫소리 같다. 변기 뚜껑 닫고 물 내려라. 후방 카메라 보고 주차선에 맞게 주차해라. 여자에게 먼저 싱겁게 말 걸지 마라. 바지 앞 지퍼 열고 다니지 마라…. 하여간 우리 삶의 뒷정리를 잘하려면 살림살이에 밝은 아내가 며칠이라도 더 살아야만 하는데….

- 월간 『시사문단』 25년 2월 호

✹ 문맹 조선인들 일제에 농락당해

 가을 어느 날, 아내와 함께 충남 서산에 있는 가톨릭 해미 국제성지에 성지순례(聖地巡禮)를 갔다. 병인박해 이후 신앙을 위하여 순교를 한 사람들이 1,000여 명이 넘고 그분들이 매장된 곳인데, 교황이 방문하고 나서 국제적인 성지가 되었다. 신앙을 위하여 목숨을 버릴 수 있는 힘은 어디서 나오는지를 생각하였다. 삶은 논리적이지 않은 법이고 깨달음은 누구에게나 오는 것이 아닌지라⋯.

 기왕 나선 길이라서 인근에 있는, 해미읍성에 관광을 갔었는데, 작은 옛 고을의 모습이 그대로 살아 있어서 좋았다. 그런데 방(榜)이라는 게시판에 방문(榜文)이 붙어 있었는데, 한자(漢字)로 되어 있어서 그런지 아내를 포함하여 지나가는 사람들 대부분이 관심을 가지고 보는 것 같지는 않았다. 조선 말기 당시의 해미현감이 범죄자를 현상 수배 한다는 내용으로 되어 있어서 별것은 아니었지만, 대다수 관광객에게는 그냥 마을에 있는 관심 없는 옛날 장식일 뿐인 듯하였다.

 방문(榜文)과 비슷한 것으로 우리 집에는 아내가 시집올 때 혼수로 해 온 한시 병풍이 하나 있다. 명절 상차림마다, 기제사 때 상차림 뒤에서도 항상 그 병풍은 무심히 서 있었다. 병풍

안에는 한자로 휘갈겨 쓴 한시(漢詩)가 있었다. 아무도 그 뜻을 몰랐고, 누구도 관심을 갖고 묻지도 알려고도 하지 않았다. 병풍은 마냥 그냥 가림막이었을 뿐이었다. 사실 그동안 문득문득 병풍 안에 있던 한시 내용이 궁금하기는 했다. 오늘은 마음을 먹고 시간을 내어 인터넷을 다 뒤져서 그 뜻을 알아내고야 말았다. 마침내 옛날 군자의 삶을 알게 되었다.

歲月(세월)

江碧鳥逾白(강벽조유자)
강 푸르니 새 더욱 희게 보이고
山靑花欲然(산청화욕연)
산 푸르니 꽃은 불타는 듯하구나
今春看又過(금춘간우과)
올봄도 보는 가운데 또 지나가니
何日是歸年(하일시귀년)
어느 날에 고향에 돌아갈 해인고
古松惟一樹(고송유일수)
오래된 소나무 오직 한 그루
森速詎成林(삼속거성림)
우뚝 섰으니 어찌 숲을 이룰꼬
孤生小庭裏(고생소정리)

작은 뜰 안에 있는 고독한 신세

尙表歲寒心(상표세한심)

오히려 세한의 마음 드러내네

拳石不盈尺(권석불영척)

한 줌의 돌은 한 자 높이도 못 채우고

孤竹不成林(고죽불성림)

외로운 대나무 한 그루는 숲을 이루지 못했네

惟有歲寒節(유유세한절)

오직 한겨울 절개만 있으니

乃知君子心(내지군자심)

군자의 마음 이제 알겠네

南中有八樹(남중유팔수)

남방에 여덟 그루의 나무가 있는데

繁華無四時(번화무사시)

번창함이 사계절 변함이 없네

不識風霜苦(불식풍상고)

바람서리의 괴로움을 알지 못하니

安知零落期(안지영락기)

어찌 쇠락하는 기간을 알겠소

渡水復渡水(도수부도수)

물 건너 또 물 건너

看花還看花(간화환간화)

꽃 보고 또 꽃 보며

春風江上路(춘풍강상로)

봄바람 강가 길로

不覺到君家(불각도군가)

어느 사이 임의 집에 도달하네

盛年無畿時(성년무기시)

젊은 나이는 얼마 가지 않고

奄勿行欲老(엄물행욕로)

매우 갑작스러이 늙어 가려 하네

但願壽無窮(단원수무궁)

다만 목숨이 무궁하길 바라고

與君長相保(여군장상보)

임과 함께 오래 서로 보호하길 바라

- 昭岩(소암)

그런데 병풍에 있는 한시를 읽고 있노라니, 또 한 가지 상념이 떠오른다. 일제 강점기에 면사무소 게시판에 걸린 토지조사령에 의하면, 본인이 경작하는 토지의 소유자는 총독부가 정한 기일 내에 주소, 성명, 소재지를 신고하라고 적혀 있었다. 신고 기간이 끝나면서 면서기 등의 입회하에 토지 소유권 사정(査定)이라는 것을 하고, 이를 토대로 토지대장을 만들고 세금을 부과하였다. 그런데 문제는 내 소유권을 주장하려면 농민이나 지주들이 일정한 기간 내에 면사무소에 반드시 신고하여야 한다는 것인데, 당시 대부분의 많은 사람이 한자(漢字)나 심지어 한글을 몰랐었던 것은 물론이고, 신고하라는 정보도 게시판에 그치는 등 제대로 홍보도 되지 못하여 관심도가 낮았다. 설사 알았더라도 내가 왜 일제에게 대대로 경작하던 우리 집의 토지를 신고하느냐는 반항적이고 애국적인 마음도 작용하여 소위 미신고가 많았다. 결국에는 총독부 소유 토지와 일본인 대지주가 출현하게 되었고, 조선인 중에서도 일부 지주가 생기기는 했으나, 농민 중 소작인들 대부분은 경작권이나 소작권을 빼앗기고 비참한 생활로 들어가게 된 것이다.

물론 해방 후 우리나라 정부에서 일제로부터 돌려받은 토지를 경자유전 원칙 속에 절차를 거쳐 농민들에게 돌려주었으니 다행이었다. 그러나 당시 많은 사람이 글을 몰랐었던 것도 슬프다. 미디어가 제대로 없었던 어두운 시대였었다. 생각해 보면 저항하는 애국 심정도 이해되지만, 무엇보다도 어떻든 힘이 없어서 나라를 잃은 것이 가장 큰 아픔이었다고 할 수밖에 없을 것이다. 부디부디 우리나라가 강성한 나라가 되어야 우리 백성들도 억울함과 걱정이 없이 살 수 있을 텐데…. 이 늦은 밤에 내가 부질없이 너무 쓸데없는 걱정을 하고 있는 것이었으면 오히려 좋으련만….

- 빈여백 동인지 『봄의 몸짓』 25년 20호

✳ '한 번 더 도전해 보는 삶'의 가치

어린 요한네스가 목숨을 걸고 싸우고 있다. 그는 이 험한 세상으로 나와야 한다. 그리고 이것은 아마도 그가 살아가는 동안 겪는 힘든 싸움 중 하나일 것이다. 어머니의 몸에서 나와 제 삶을 시작해야 한다. (출생기)
저기 정말로 안나 페데르센이 오고 있다. 예쁘고, 그리고 맵시 있는 여자다. 그리고 풍성한 금발에 깜찍하게 모자를 쓰고 여리여리한 몸에 아주 가볍게 치맛자락을 찰랑이는 모습이 더없이 아름답다. (청장년기)
어부(漁夫)인 요한네스가 물속으로 던진 루어가 멈추더니 더 이상 내려가지 않으려 했다. 바다가 더 이상 요한네스를 받아 주지 않으려 한다. 친구도 죽고 아내도 죽은 뒤 홀로 살고 있다. (노년기)
그는 어떻게 해도 온기가 안 생기는 집에서 하루에 대한 똑같은 생각을 반복한다. 매일 아침 똑같은 생각을 하고 있다. 하지만 달리 무슨 생각을 해야 하나. 달리 산책 나갈 곳도 없어 어쨌든 비를 피할 지붕이 있고 몸을 누일 집이 있고 장성한 자식들이 있고 막내딸이 멀지 않은 곳에 살고 있어…. 먼저 죽은 친구가 요한네스에게 말한다. 우리가 가는 곳은 어떤 장소가 아니야. 그래서 이름도 없지. 우리가 가는 곳엔 몸이라는 게 없다네. 그러니 아플 것도 없지. 그런데 자네가 사랑하는 것은 다 있다네. 물론 사랑하지 않는 것은 없고 말이야….

노벨 문학상을 받은 욘 포세의 장편 소설 『아침 그리고 저녁』의 스토리인데 한 사람이 힘들게 태어나고 재미나게 살다가 죽기 전에 다가오는 외로움과 죽음에 대한 수용의 자세를 보여주는 장엄한 이야기를 그리고 있다. 한마디로 우리의 모습을 앞당겨 보는 것 같다.

그래도 그냥 죽음을 수용하는 자세보다는 한 번 더 전투적인 자세로 끝까지 도전해 보는 삶은 어떨지.

✹ 나탈리가 전남편과 재결합하도록 고쳐 쓴다면?

나탈리는 25년 결혼 생활을 한 프랑스 여성이고 남편의 아내이고 두 아이의 엄마이며 아픈 어머니의 착한 딸이고 고등학교 철학 교사다. 우리나라에서도 흔히 볼 수 있는 평범하고도 보통의 중년 여성이라고 할 수 있다. 그런데 어느 날, 느닷없이 남편으로부터 "나, 다른 사람이 생겼어요."라는 청천벽력 같은 한마디 이별 통보를 받는다. 잠시 황당해하기는 했으나 울거나 달려들어서 이유라도 들어보려고 하지도 않고, 또 상황을 반전시키려는 노력도 하나 없이, 거의 쿨하게 받아들인다. 그냥 그 상황을 외면하고 담담히 중년 여성의 일상을 영위해 나가는 모습이, 한국 사람인 나에게는 굉장히 생소하게 와닿았다.

남편도 아내와 가정이 있고 대학교수로서 사회적으로도 책임감 있는 중년 남성임에도 불구하고, 아내의 완벽주의에 질린다고 마음에 안 든다고, 다른 여자에게로 훌쩍 떠나버리는 장면이 놀랍기만 하다. 또 딸이 아빠의 외도를 알아차리고 엄마와는 상의도 없이 아빠를 만나 엄마와의 관계를 재정리하라고 부추키는 장면이나, 자신의 아기를 낳고 나서 아기를 보면서 나중에 자신도 아기도 이혼하게 될지 어떨지, 미래 자신들의 모습을 미리 상상하면서 마침내 울음을 터뜨리는 장면은 우리의 보통 사고를 넘어선다. 그리고 그녀의 어머니도 친정아버지의 네 번 결혼 중 두 번째 부인이었다는 사실은 그 횟수에 놀랍기까지 하다. 우리와는 문화가 다른 서양 사회의, 서양 사람이어서 그런지, 그들의 사랑 개념을 우리로서는 아직 쉽게 이해하기가 어렵다. 그것은 동서양의 결혼관, 가족관에 관한 시각이 그동안 상당히 좁혀진 것 같으면서도 아직도 여전히 상당히 거리가 있다는 것을 보여주는 장면이다.

서양에서는 결혼 자체를 임의적 계약관계로 보기 때문에 결혼과 이혼을 여러 번 반복해도 개인의 품성에는 문제가 되지 않고 법률도 그러한 연장선상에서 존재한다. 개인의 선택이 존중되기 때문에 개인의 사생활은 성역이다. 트럼프는 두 번 이혼하고 세 번째 결혼했으며, 세 번째 부인보다 며느리가 나이가 더 많다. 마크롱은 로맨스를 중시하는 프랑스인답게 15세 때 만났었던 선생님을, 그것도 세 자녀가 있는 24세 연상녀와 또 그것도 사회적으로 책임 있는 자리에 있을 때 당당히 결혼했다. 재클린 케네디 오나시스 여사는 케네디가 죽고 나자 친여동생과 사귀던 외국 남자 오나시스를 가로채어 재혼하였다. 마침내 그녀가 죽었을 때, 미국 사람들은 영부인 자격으로 다시 재클린을 국립묘지 케네디 옆자리에 묻어 주었다. 이것이 서양 사람들의 정서다.

우리나라에서는 상처를 안고 힘들게 살아가야 할 바에는 어쩔 수 없이 그것도 하는 수 없이 이혼하는 것이 더 나을 수도 있다는 생각 정도이지, 아직은 서양과 같지는 않다. 유교적 전통이 강한 지방에서는 가정을 사회의 건전한 발전을 위한 중요한 요소로 보기 때문에 이혼한 사람은 비정상적으로 보는 경향까지 있다. 필리핀 같은 곳은 이혼이 아예 불법이고 인도 같은 곳은 가문끼리 중매결혼 하는 것이 대세라서 개인의 연애는 별로 없다. 우리나라에서도 중매로 결혼을 하고도 나중에 자식 낳고 사랑을 하게 되는 경우가 많았었는데, 이제는 우리 사회 정서도 많이 변하여 요즈음은 연애 시절 사랑을 해야만 결혼하는 경우가 더 많아졌다. 25년간이나 같이 살았던 부부가 어떻게 그렇게 쉽게 갈라설 수 있겠냐는 의문에 대해서도 이해하는 사람이 주변에 점점 더 많아지고 있는 게 현실이다.

그런데 서양에서도 얼마 전까지는 이러하지 않았다. 서양 사람 톨스토이는 『안나 카레니나』에서 사랑을 이렇게 설명하고 있다.

『안나 카레니나』는 유부녀 안나가 멋져 보이는 브론스키와의 불꽃 사랑에 너무 집착하다가 나중에는 자살하게 되고, 아름다운 사랑을 만들어 가던 키티와 레빈은 마침내 커플로 자리매김하게 된다는 스토리이다. 안나는 브론스키에 대한 사랑에만 지나치게 목숨을 걸어 집착하게 되고 브론스키가 안나에게 부담을 느껴 오히려 안나를 짐으로 여기게 된다는 것이다. 시간과 변화를 받아들이지 못하는 성장 없는 사랑이 그 원인이라고 톨스토이는 진단하였다. 또 한편 브론스키를 좋아했었던 키티는 하는 수 없이 그냥 봉사하는 삶을 살다가 새로운 삶에 눈을 뜨게 되는데, 레빈의 청혼마저 거절한 것은 남에게 잘 보이려고 했었던 것이 위선이었음을 깨달았기 때문이라는 것이다. 또 레빈도 키티와 사랑에 빠지지만 집착하지는 않았다. 사랑은 인생의 커다란 물줄기에 흡수되는 한 부분이며, 시골에서의 소박한 삶, 도덕적인 삶, 성장하는 삶을 살면서 성장하는 사랑을 하여 결국 사랑을 얻게 되었다고 한다. 이 이야기에서 볼 때 서구에서도 분명 우리와 비슷한 은근한 사랑 개념이 얼마 전까지 분명히 있었다는 것을 보여주는 것이다.

과학이 바뀌면 기술이 바뀌고 기술이 바뀌면 생산방식이 바뀌고 나아가 경제가 발전하면 그에 따라 법과 사회제도가 바뀌고 궁극적으로 문화와 종교도 바뀐다. 결혼제도, 가족제도가 딱 그렇다. 양성평등이 이루어지고 대학교육이 일반화되자 여성의 사회참여가 보편화되고 소득향상도 이루어지고 인권이 강화되어 결혼과 가족관계에도 큰 변화가 생겨나고 있는 것이다. 결혼이 늦어지고 대가족이 핵가족으로 바뀌더니 저출산으로 이어지고, 결혼제도와 가족제도는 점점 더 서양 사회를 닮아가고 있다. 진정 이것이 발전하는 것인지 도대체 알 수가 없다. 우리나라에서도 점잖은 인사가 부인을 두고 외도하여 물의를 일으키고 있는데, 앞으로 다가올 서양식으로 생각해 보면 사랑의 대상이 바뀌어서 어쩔 수가 없다지 않나. 집착하는 사랑, 성장 없는 사랑은 아닌지 모르겠다. 점점 개인주의가 강조되고 서양식 결혼관으로 바뀌면 백년해로는 없고 세 번 이혼하고 네 번 결혼하여 젊은 부인과 사는 경우나 총각이 돈 많은 부인과 사귀는 모습들을 주변에서 자주 보게 될 날이 곧 올 것이고, 우리 사회에서도 억대를 넘어 조 단위 재산상속녀의 등장이 머지않았다고 짐작된다.

만약 내가 이 영화 「다가오는 것들」의 속편을 쓴다면 어떻게 될까. 나탈리는 어떻게 해피 엔딩 하게 할까? 남편은? 딸은?

제자는 어떻게 써주어야 할까? 나탈리가 전남편과 재결합하는 것으로 전개하면 어떨까…. 미래에 다가오는 것들을 모르는 진부한 생각인가?

✳ 뿌리를 찾고 챙기는 마음은 그리움 때문 아닐까?

경주 김씨였던 어머니는 아들이 크면 아버지도 없는 뼈대 없는 자식이 될까 봐 노심초사했었다. 그래서 연안 이씨(延安李氏) 집안 어른 한 분을 수소문하여 어려운 형편에도 식사 접대를 하고 차비도 쥐여 주며 족보에 이름을 올리고 족보 한 질을 집에 가져다 놓아 소위 족보 있는 집이 되었다. 30년 지난 후 후속판 나올 적에는 내가 다시 처자식도 이름 올리고, 또 개정판 한 질을 받아서 서재에 꽂아 두고, 애들이 출가해서 새 식구들이 들어왔을 때 보여주곤 하는 나름대로 뼈대 있는 집이 되었다.

초등학교 시절 언젠가 삼촌 따라서 약목면 어느 뒷산에 있었던 할아버지, 아버지 산소에 가본 기억이 나는데, 그 이후는 서울로 와서 먹고사는 일에만 몰두하며 살았다. 막연히 제사만 지내고 있었던 것인데 남의 집 경조사에 다니다 보니 철이 들었는지 나의 아버지 묘소가 없다는 것을 새삼 알았다. 경부고속철도 공사 소식을 듣고 불현듯 통과구간에 들어가지나 않았을까 걱정하면서 알아보니까, 무연고 묘지 공고 기간도 끝났고 이미 주변은 공사 중이어서 어디가 어딘지 알 수가 없었다. 그 이후 아버지가 국가유공자증을 받으셨기에 이천 국립호국원에 이장할 수 있다는 것을 알고 가보기도 했지만, 산소가 없으니 어찌해 볼 도리가 없었다. 군위 가톨릭묘원에서 어머니 장례를 지낼 때 아버지 마지막 사진을 함께 합장해 드렸다는 것으로 위로를 할 뿐이었다.

그 이후 불효를 용서받기라도 하려는 마음과 함께, 연안 이씨에 대해서도 알고 싶고 뿌리도 알아가 보려고, 족보도 읽어 보고 연안 이씨 종친회관인 서초구 연리회관과 대전에 있는 뿌리공원에도 가보고, 대전 국립묘지 내에 있는 시조묘도 찾아보았다. 시조 '이무(李茂)'라는 분은 당나라 장군으로서 삼국통일 당시 김유신, 소정방과 함께 활동했다가 신라에 귀화한 분이다. 당시 김유신 장군의 신라 통일을 적극적으로 도왔으므로 신라 무열왕으로부터 연안 땅을 하사받고 그곳에 살았는데 후손들이 그곳을 본관으로 삼게 되었다. 1821년 후손 이문우가 황해도 연안부 비봉산 옥녀봉 아래에서 시조묘를 찾고 상석 밑에서 '연안백이무'라고 쓰인 지석을 발견하였다. 그 이후 분단으로 갈 수 없게 될 무렵, '시조 이무'의 묘소를 또 다른 후손 이시담의 종산이 있는 이곳 대전시 유성읍 갑동리에 옮기고, 1954년 제단 성격의 단소를, 봉분을 갖춘 형태로 만들었다. 그래서 시조묘는 대전 현충원 내 제2장군묘역 옆에 사설묘 형태로 있게 되었다. 이곳은 예전부터 150세대 500여 명이 살던 연안 이씨 집성촌이었고 부근 일대가 1960년대에 대전 국립묘지로 지정되어 토지가 수용되는 시점에 대부분 이주하고 말았다.

문중의 요청으로 묘역 조성에는 크게 문제가 되지 않는 이무, 이시담 2기의 묘만 남기고 대부분 묘지마저도 이장하였다. 국립묘지에는 사설묘를 둘 수 없다는 원칙이 있지만 도로 공사를 한다고 오래된 고목을 무조건 자를 게 아니라 아름드리 나무를 살리기 위해서 도로를 우회시켜 놓은 그러한 길을 만난 때처럼 반가운 마음도 든다. 또 이무 장군이 신라 통일에 도움을 준 것처럼 훗날 남북통일이 되면 연안 지방에도 가볼 근거가 생겨서 통일을 기다리게 된다. 현재 묘지석은 연세대 박물관에 보존되어 있어 열람하러 가보기도 하였다.

문중은 유성구 갑동에 있는 연원사에서 시제를 지내고 나서 현충원 내 시조묘를 참배하고 있고 군위군 효령면 장군리에 가면 삼장군 단오제가 군위 문화원 주최로 열린다. 또 양평에 있는 통례문부사공파 중시조 '이지' 묘소에도, 또 그 갈래인 직강공파 중시조 이숙황의 김천 묘소에도 그리고 효창공원에 있는 이동녕 주석묘에도 가보았다.

  애들은 갸우뚱한다. 아버지는 자신의 아버지를 직접 보지도 못했으면서 그렇게 찾아다니고 또 연안 이씨가 해 준 게 뭐 있다고 뿌리 찾는 일에 저리 정성이실까…. 경비도 만만치 않거니와 바쁜 중에는 주말에 시간을 내기도 그리 수월한 것이 아니라서 회사에 다닐 적에는 몇 년째 하계휴가만 되면 일순위로 찾아다녔다. 그뿐 아니라 지금도 명절 전에는 산소에 꼭 벌초하러 다녔고, 할머니 묘소는 30년이 지났어도 다시 30년 치의 관리비를 내고 연장을 했으니 또 갸우뚱한다. 세 아이가 군위 가톨릭묘원에 한번 성묘하러 가겠다고는 하지만 모두 다 서울에 있고 제 코들이 석 자니까 다음에 또 다음에 하고 미룬다. 그래서 가까운 용인 가톨릭묘원 조성 시에 상당한 돈을 내고 나와 아내 그리고 아들 묘터를 미리 마련하였다. 죽은 이후가 뭐 중요하냐고 하지만 그래도 아내만은 내 마음을 이해하고 꼭 같이 나서 주니까 고마울 따름이다. 나 혼자 생각건대 뿌리를 찾고 챙기는 마음은 영화 「국제시장」의 황정민처럼 아들이 아버지를 그리워하는 마음인데, 결국 아버지에게 심정적으로나마 의지하고 지지받고픈 마음에서 나온 것이 아닐까 하는 생각도 든다.

✳ '오빠'라고 해도 해줄 것이 없네

"일상에 감사하라."라는 말이 있다. 일상은 '날마다 반복되는 생활'이라는 뜻인데, 그런 일상이 지켜지기 위해서는 주변에서 수많은 일이 일상적으로 순조롭게 일어나야만 한다. 지구가 23시간 56분 4초 만에 한 바퀴씩 자전하는데 만약 매일 1초씩 더 빠르게 돌아간다면 어떻게 될까? 늦가을인데도 상록수 잎이 떨어지지 않으면 어떻게 될까? 지하철이 운행을 중단하면 도대체 어떻게 될까? 우리의 일상은 깨어지고 말 것이다. 평온한 일상이 반복되기 위해서는 지구는 정확히 돌아야 하고, 낙엽이 쌓여서 거름이 되어야 하며, 지하철은 제때에 와야만 한다. 우리는 알게 모르게 온 우주의 모든 이에게서 도움을 받고 사는 존재로서, 우리들의 일상은 이처럼 자연현상뿐만 아니라, 수많은 이의 보이지 않는 노고 덕분인 것이다.

평범하다는 것은 무엇인가? 양친이 있는 보통의 가정에서 태어나 공교육을 받고, 남들 가는 군대 가고, 직장에 취직하고, 사랑하는 이와 결혼하고, 애기 낳고 잘 키워서, 결혼시키고, 손자 재롱 보고 사는 것 아닌가…. 그런데 이런 평범함이 현실적으로는 너무나도 어렵다는 것이다.

L은 여성 양호교사다. 양친은 계셨지만, 아버지는 어릴 때

병 때문에 가방끈이 짧았고, 철공소 주물 일을 오래 하시다 보니 건강이 나빠져서 일찍부터 쉬고 계시니, 어쩔 수 없이 어머니가 가정을 이끄는 형편이다. 고생을 많이 한 어머니는 아버지 대신에 가정을 일으킬 오빠에 대한 기대가 커서, 공고를 겨우 나왔는데도 좋은 대학 가기를 강력히 원했고, 오빠는 기대에 부응하지 못해 결국은 대학도 못 가고 취직도 제대로 못 하여 실의에 빠지게 되었다.

그래도 L은 여고를 마치고 간호사가 되었다. 나중에 방송통신대학을 다니고, 다시 교사 시험을 쳐서 고등학교 양호교사로 갔으니 억척 그 자체였다. 오빠가 제때 결혼을 못 하니, 하는 수 없이 먼저 결혼을 하였다. 그런데 생활도 어렵고 하여 안정을 찾을 때까지 출산을 미루었다가, 정신을 차리고 보니 노산이라 임신이 잘되지 않고, 시험관 아기도 쉽지 않았다. 남편 얘기는 잘 안 하니 알 수가 없고, 친정에 가도 편한 구석이 없으니, 답답할 때는 방학 때 혼자서 배낭여행을 자주 다닌 모양이었다.

친척 오빠인 내게 한번 전화가 오고, 찾아왔길래 만나게 되었다. 난 그때 지방에서 근무할 때였다. 당당한 커리어 우먼으로서 사회 활동을 하는 여동생이 대견하였다. 객지에서 처음으로 만나서 좋은 식당에서 맛난 저녁을 사 주었는데, 한마디 툭 던져 왔다. "오빠 말고 나에게 이렇게 근사한 저녁 한번 제대로 사 주는 사람이 내 주변에 없다."라고 하는 것이었다. 마음이 짠하였다. 그다음에 국물 한번 입에 넣고는 또 한마디 툭 던졌다. "다른 사람은 다 하는데, 평범하기가 왜 이렇게도 어려운지 모르겠다."라고···.

평범하다는 것이 무엇인가? 뛰어나거나 색다른 점이 없이 보통이라는 것인데, 이게 이렇게 어려울 줄이야···.

삶

삶이 그대를 속일지라도
슬퍼하거나 노여워하지 말라
슬픔의 날 참고 견디면
머잖은 날 기쁨이 오리니
마음은 미래에 사는 것
현재는 언제나 슬픈 것
모든 것은 한순간에 지나가고
또 지나간 것은 다시 그리운 법이니

– 푸시킨

오빠라고 해도 해줄 것이 없네. 그래도 파이팅 해요, L···.

– 빈여백 동인지 『봄의 몸짓』 25년 20호

✳ 은퇴하고 난 지금 '집'이란 작은 천국을

공자는 즐거움(행복)과 관련하여 '학이시습지 불역열호(學而時習之 不亦說呼), 유붕자원방래 불역낙호(有朋自遠方來 不亦樂呼), 인부지이불온 불역군자호(人不知而不慍 不亦君子呼)'라 했다. 맹자는 '부모 살아계시고 형제 무고한 것, 하늘을 보아도 세상을 보아도 부끄럽지 않은 것, 천하의 영재를 얻어 교육하는 것'을 행복으로 표현했다. 또 노자는 '쾌식, 쾌변, 쾌면'을, 정약용은 '어릴 때 놀던 곳 어른 되어 다시 가기, 곤궁했을 때 지나온 곳 성공하여 찾기, 외롭게 지내던 곳을 친구들과 함께 찾기'를 말했다. 김정희는 '책 읽고 글 쓰고 배우는 선비, 사랑하는 사람과 변함없는 사랑을 나누며 고락을 같이하기, 벗을 청해 술잔을 기울이면서 인생사 나누기'를 언급했고, 현대인인 어떤 이는 '배우는 즐거움, 가르치는 즐거움, 봉사하는 즐거움'을 말하였다.

미국 심리학자 마틴 셀리그만은 행복에는 세 가지 조건이 있다고 하였다. 첫째는 맛있는 음식을 먹을 때의 즐거움과 비슷한 '즐거움'이다. 둘째는 "시간 가는 줄 몰랐다."라는 표현처럼 대상에 집중해서 내 존재를 잠시 잊는 상태인 '몰입'을 들었다. 셋째는 '삶의 의미'를 꼽았다. 각자가 믿는 의미 있는 삶은 다르지만 죽음에 가까워질수록 '가족과의 즐거운 시간' 등이 더 반짝이게 된다고 한다.

백과사전에서 찾아보면, 행복(幸福, Happiness)은 희망을 그리는 상태에서의 좋은 감정으로서, 자신이 원하는 욕망이 충족되어 만족하거나 즐거움과 여유로움을 함께 느끼는 상태를 의미하며 그 상태는 지극히 주관적이라고 설명한다. 철학적으로는 대단히 복잡해서 금욕적인 삶을 행복으로 보기도 한다.

은퇴하고 난 지금 나는 집이란 작은 천국임을 말하고 싶은데, 그곳의 위치와 형태와 크기는 중요하지 않다. 그곳에서 나와 아내가 그 어디에서도 느낄 수 없는 평안(무사히 잘 있음)과 안식(편히 쉼)과 행복(생활에서 만족과 기쁨을 느끼는 상태)을 누리고 있다.

✹ 아무리 노력해도 Native(현지인)처럼은 안 돼

초등학교 6학년 때 영어 알파벳을 따라 쓰는 펜맨십이라는 공책을 사서 열심히 따라 적고 있는데 중학교 나왔다는 옆

집 아주머니가 물병에 적혀 있는 'APOLLO'라는 브랜드를 읽어 보라고 하였다. 나는 "A, P, O, L, L, O."라고 큰 소리로 씩씩하게 대답했는데 그 아주머니 왈, 영어를 한다는 것은 "아폴로"라고 영어 말처럼 읽어야 한다고 지적해 주셔서 놀랐다. 중학교 때는 영어 선생님이, 그러니까 한국인이 외국인과 영어로 대화하는 것을 처음 보았을 때 매우 신기해했다. 고등학교 첫 영어 수업 시간에 선생님이 일어나서 영어책을 읽어 보라는데 'Conquer'를 제대로 읽지 못해 당황했었고, 1학년 말 친구가 성문종합영어를 공부했느냐고 하는 말에 그런 책이 있다는 것을 처음 알게 되었던 터라서 무엇에 호되게 얻어맞은 듯했다.

대학 때는 대오각성을 하고 공부 잘하는 형들과 Listening과 Speaking 위주의 영어 스터디그룹을 했고, 영어에 자신감을 붙이기 위해서 영어 성서 암송대회에 나갔는데 얼마나 외웠던지 세 페이지 넘는 것을 모두 모션과 함께 빠짐없이 암송하여 1등을 하기도 하였다. 양주동 박사께서 영어를 공부하던 시절 그냥 외웠다는 스토리와 비슷한 듯도 하다. 1984년 입사했을 때는 당시 유행하기 시작하던 TOEIC에 응시하여 우리 사무실에서는 1등을 하였다. 그래서 그런지 회사를 방문하는 외국인을 공항에서 픽업하는 일을 맡았는데 큰 승용차 뒷좌석에 타고 공항으로 갈 때 횡단보도 앞에서 어떤 아주머니가 차

안을 부러운 눈으로 보기도 하였다.

  INTEL팀에 갔을 때는 또 한 번의 고비가 왔다 스피커폰으로 주간회의를 하는데 A사 측 Liaison(연락담당자)을 맡았던 나는 잠이 안 왔다. Listening과 Speaking이 약했으니 그럴 수밖에 없었다. 어떻게든 해내야 했기에 Conference call 전날, 다음 날 예상되는 대화 내용을 전부 작문하여 외웠다가 막상 회의 시간에 예상질문 비슷한 것이 나오면 그냥 준비된 답변을 읽는 식이었다. 구어체와 문어체는 형식이 다른 것이어도 그냥 뜻이 통하니 넘어갔다. 외국인이 한국말 잘 못하듯 용감한 영어로…. 미국지역전문가과정을 가게 되었을 때 미국에서 1년간 살면서 영어 공부를 하면 영어가 획기적으로 향상될 줄 알았다. 그런데 확실히 토익점수는 올랐지만 그래도 영어는 쉽지 않았다. 미국에서 만난 한국인 현지채용 여직원을 만나 물어봤는데, 미국에서 대학을 나오고 10년 미국직장 생활을 했는데도 Native와 같지는 않더란다.

  그룹장일 때 미국이나 다른 외국지점에 나가면 스피커폰은 물론이고 거래선과의 상담이나 직원들 앞에서 연설할 때도 있었는데, 용감한 콩글리시 수준으로는 정말 황당했고 영어 잘하는 사람이 정말 부럽기도 하였다. 글로벌 시대에 영어는 그냥 생활 도구 그 자체여야 하고 영어의 깊이, 영어의 품격도 중요해졌다. 사실 요즈음도 외무장관, 한국은행 총재, 미국 박사 출신 교수들의 영어를 TV에서 들어보면 의사전달은 하고 있으나 Native처럼 썩 잘한다는 느낌은 받지 못한다. 그러니 대통령 수행 때는 어김없이 전문 통역가가 나서는 것인데…. 언어는 쉽지 않다. 같은 한국인끼리도 한국말을 맛깔나게 잘하는 사람은 따로 있으니까.

 빌딩 관리를 할 때의 일인데 외국인 상무관이 불쑥 사무실에 찾아왔을 때 여러 직원이 있는 데서 영어로 대화할 때나 외국인 대사와 영어로 상담하는 때에도 어려움은 없었다. 또 외국 여행 갔을 때 Survival 하는 데도 문제가 없었다는 것으로 나의 영어에 위안을 받을 뿐이다. 그러나 지금도 TV CNN뉴스 여성 앵커의 빠른 말은 여전히 잘 안 들린다. 최근 대학 졸업반 학생이 취업을 위해서 영어 수준을 어디까지 해야 하느냐고 물으면서 자신은 오픽 IH 수준인데 AL 수준까지 해야 하는가 하는 질문이었다. 그 정도면 입사 시험에서 영어는 통과될 수 있다. 하지만 실제 실무에서는 실무를 바탕으로 온갖 경험이 어우러져야 살아 있는 영어가 되는 것이어서 그 친구에게 영어는 그 정도면 된다는 말을 쉽게 하기가 어려웠다.

✱ 내면의 영혼을 개선시키는 게 진정한 노동

  어느 회사의 오너 2세는 본인의 역할은 '잘 물려받고 잘 키우고 잘 물려주는 것'이라고 했다. 그런데 나는 아버지에게서 물려받은 재산이 없으니 내가 잘 만들어서 잘 물려줄 수밖에 없겠는데, 이미 경제활동에서 은퇴했으므로 더 이상 재산을 만들기도 어렵고 집 한 채밖에 가진 것이 없으니 어쩌나…. 그것보다는 내가 인생에서 가장 중요하게 생각하는 것은 한마디로 '다복한 가족'이다.

  초등학교 다닐 때 우리가 살던 방은 삼촌의 신혼방으로 내준 터라서 어머니는 객지로 일 나가고, 할머니는 입주하여 아기 돌보는 일을 하러 가고, 나는 고모네 집에서 더부살이한 적이 있었다. 나중에 어머니가 집을 마련하여 다시 모일 때까지 이산가족 아닌 이산가족이었다. 다복한 친구들 집에 놀러 가면 그렇게 부러울 수가 없었다. 그 시절 친구와 그 집 아버지가 바둑을 두는 모습이 무척 좋아 보였기에 나중에 나도 아들과 바둑을 시작했는데, 요즈음은 컴퓨터 바둑으로 5단이 되었다.

  화목하고 건강한 가족, 재미난 부부, 발전하는 자식, 커가는 손자를 보면서 건강과 여유를 가지는 것이 나의 목표다. 요즈음 남들이 우리 집은 안정된 다복한 가족이라는 말을 해줄 때

나의 감회는 정말 남다르다. 자아실현을 한 것 같기도 하고 행복감을 느끼기도 한다. 주변에서 다시 더 일을 같이 하자는 얘기를 하는 사람도 있는데, 직업이란 잘 먹고 잘 살기 위한 수단이니 행복을 깨지 않도록, 건강을 해치지 않도록, 주객이 전도되지 않도록 하려고 한다.

인간은 동굴 속에서 함께 살았어서 그런지, 사회적 동물이라서 그런지, 울타리 속에 사는 데 익숙하다. 학교 울타리, 직장 울타리뿐만 아니라 가족 울타리 속에서 사는데 이 울타리는 죽고 나서도 계속된다. 내가 퇴임하고 난 직후, 전 가족이 모여서 '축 퇴임'이라는 글씨가 장식된 케이크를 사놓고 멋있는 식당에서 축하연을 했다. 가장의 역할을 다했다고 축하해 주는 것인데 영화 「워낭소리」에서 소 주인이 늙은 소의 '어깨 멍에'를 벗겨 주는 장면과 비슷하다는 느낌이었다. 가장의 기본 의무를 다했기에 이제는 출가한다 해도 크게 반대가 없을 정도다. 이제부터는 혼자 사는 즐거움에 대해서도 배우려고 한다. 아내를 성가시게 하지 않고 혼자서 일어나 혼자서 들어서 먹고 커피 내려 마시고 혼자서 산책하고 책 읽고 글 쓰고 컴퓨터 바둑 하고 탁구 치고 친구 만나고…. 외로움 따위는 걱정 없다. 아내도 아내 자신의 삶이 있다. 우리는 자유 시간을 누릴 교육을 받지 못했다. 자유를 누리자! 나에게 주어진 시간이 마냥 남아도는 게 아니다.

폼페이 유적에 보면 부자가 많이 죽었다는 기록이 나오는데, 얘기인즉, 화산폭발 전조가 며칠 전부터 있었는데도 부자들은 가진 게 많아서 그걸 지키느라고 대피가 늦었다는 것이다. 음미해 볼 만하다. 법정 스님은 '난(蘭)' 선물을 받고 잘 관리하셨는데 한번은 겨울에 설법을 가시다가 갑자기 '난'이 추울 것이라는 생각이 들고 나서는 내내 걱정이 되었다고 한다. 돌아오셔서는 '난'을 버리고 『무소유』라는 책을 썼다고 한다. 김수환 추기경은 돌아가셨을 때 수중에 800만 원이 든 통장이 전부였다고 한다. 나도 혹시라도 자식에게 물려줄지도 모르는 아파트 한 채에 약간의 돈이 있으면 되었지 무엇을 더 바라나…. 간소한 삶을 생각하자. 톨스토이는 말했다. "우리는 노동이라고 하면 건물을 짓고 밭을 갈고 소를 먹이는 것 같은 눈에 보이는 것만 떠올린다. 그러나 내면의 영혼을 개선시키는 진정한 노동은 눈에 보이지 않는다." 생각 사(思)는 밭 전(田)과 마음 심(心)으로 이루어졌다. 늘 마음의 밭을 가는 일을 하면서, 그렇게 살리라.

✳ 하늘은 거두어 가려면 한꺼번에 거두어 간다

  역대급 폭염으로 에어컨 속에서만 살던 한여름 토요일 오후의 어느 날, 갑자기 열이 40도까지 오르고 오한이 나서 혼란에 빠졌다. 그 더운 여름에 나는 추워서 자꾸만 이불을 찾고, 아내는 연신 체온계를 대보고는 이불도 덮지 말고 윗옷도 벗으라고 한 뒤 열을 내린다고 냉찜질을 하고 난리였다. 그래도 호전이 안 되자 아내는 할 수 없이 119에 연락하였다. 119대원이 체온을 재어도 40도 넘으니까, 난생처음 119 앰뷸런스를 타고 서울 의료원 응급실로 갔다. 의료대란 탓에 환자가 많아 한참을 대기하다가 자리를 배정받았지만, 한참 후에나 의사가 왔다. 언제나 그런 것처럼 치료는 하지 않고 검사만 계속하는 것 같았다. 빨리 치료 안 한다고 의료진을 폭행하면 징역형에 처한다는 큼직한 포스터가 눈에 들어왔다. 코로나 검사, 독감 검사, 복부 CT 촬영, 피검사까지 하고 나서야 해열제와 수액주사를 맞고 겨우 열이 떨어져 37도쯤 되었을 때 집에 돌아왔다.

  그러나 일요일 오전 약 기운이 떨어지자 또 열이 40도에 다다랐다. 또 119 신세를 졌고, 또 해열제를 투여하였는데, 피검사 결과 염증 수치가 10.7에 이르자, 의료진의 권고에 따라 하는 수 없이 입원 치료를 하게 되었다. 평생 처음 환자복을 입고 병실에 누웠으니, 대장부 몰골이 말이 아니었다. 그러나 그걸 신경 쓸 틈이 없었다. 감염내과에서 불명열 치료를 위해 협진으로 심장 초음파, 폐 엑스레이, 안과 검사, 위장과 대장 내시경까지 하였으나 다행히 다른 쪽에는 아무 이상이 없었다.

채혈 후 혈액 배양을 하여 세균을 찾아내고 그에 맞는 특정 항생제를 투여하기 시작한 후, 6주 만에 염증 수치가 정상수치 아래인 0.18이 되고 백혈구 수치도 4,000이 되는 등 내 몸이 정상으로 돌아왔다. 해열제를 끊고도 체온유지가 되었으며, 간 CT에서도 별 이상이 없고 해서 퇴원하게 되었다. 날벼락같이 찾아왔었던 폐렴간균류에 의한 일종의 패혈증이라는 병명의 나의 투병 일기는 그렇게 끝나게 되었다.

나하고 같은 병실에 있었던 남 씨는 종로에서 일하다 황달이 심해져서 왔는데 콩팥 하나는 절제하고 나머지 하나는 기능이 얼마 남지 않아서 하는 수 없이 주 3일 투석하고 있단다. 이제 오줌줄을 빼고 걸어 다니기는 하나 퇴원 이후를 걱정하고 있다. 주 3일 하루 4시간씩 투석하는 것도 보통 일이 아니거니와 그마저도 10년 안팎이면 또 이식을 고려해야 한다니, 내 몸 불편한 것은 고사하고 살림살이도 큰 걱정이어서 남의 일 같지가 않았다.

직장 다닐 때 친하게 지내던 동갑인 한 친구는 폐암으로 갔다. 그는 ROTC 장교 출신으로 특전사에서 뛰던 건강 체질이었으나, 직장 생활 하는 동안 힘들고 피곤할 적마다 술 담배를 많이 하였다. 사람이 좋아 거절할 줄도 몰랐고, 인내심도 커서 웬만한 것은 참고 넘겼다. 아무리 그래도 나이는 못 속이는 법이라, 차츰 몸이 한두 곳 아프다고 하기 시작했다. 그러던 어느 날 갑자기 암이 발견됐다더니 얼마 안 지나서 부고가 날아왔다. 나는 지방에서 근무하고 있었지만, 비행기를 타고 달려가 문상하였다. 인생이라는 것이 다 이런 것인가 싶었다. 얼마 후에 양주에 있는 그의 묘소에 갔었는데, 모르는 낯선 이들 묘지석 틈에 그 친구의 조그만 묘지석 하나가 덩그러니 놓여있었다. 그는 그렇게 갔다.

  삼촌 딸에게서 그러니까 사촌 여동생한테서 오랜만에 전화가 왔다. 전화 통화를 시작하기도 전 핸드폰에 찍힌 이름만 보고도 겁이 덜컥 났다. 삼촌의 연세가 많고 건강도 좋지 않음을 이미 알고 있기 때문이었다. 아니나 다를까 삼촌이 방광암 진단을 받고 수술을 곧 할 예정이란다. 43년생으로 어려운 시절을 힘들게 살아오셨는데 내리막을 맞이하는구나, 생각하니 슬프다. 수술을 마치고 회복하는 중에 찾아뵈었다. 다시는 못 뵐 수도 있다고 생각하니, 인생 아무것도 아니라는 생각이 들었다.

  얼마 전에는 대학 동기 동창 한 명이 갑자기 저세상으로 갔다. 그는 단과대학에서는 홍일점이었던 예쁜 여학생과 사귀었다. 졸업 무렵 그녀가 고무신 바꾸어 신을까 봐 걱정돼 군대

가기가 싫어서 군 신체검사를 할 때 눈에 동공축소 안약을 넣고서는 눈이 아파서 안 보인다고 꾀병을 부려보기도 했다. 정작 군에 가게 되자 그녀와 가까이 있기 위해서, 그것도 후방에서 같이 있으려고 장기 복무를 자원했고, 마침내는 군 복무 중, 결혼하여 부대 옆 관사에서 신혼살림을 차렸으니 그야말로 순애보 그 자체였다. 그런데 그가 60을 조금 넘긴 나이에 췌장암으로 갑자기 세상을 등졌다. 우리 모두 놀랐고 미망인 또한 충격에서 오랫동안 벗어나지 못하였다.

얼마 전에 뒷산 산책길에 오랜만에 성당에 다니는 형님을 만났다. 수척해졌다는 느낌을 받았는데, 그동안 안 보이더라고 인사했더니, 암이란다. 건강 검진에서 인두암 진단을 받고 성대의 기능이 제거될 수도 있다는 의사 말에 수술을 거부하고, 그냥 치료해 보겠다고 항암 투여 중이라고 했다. 정말 놀라운 일이었다. 성가대도 하고 주차 봉사도 하고 건강하던 그가 암 진단을 받고 풀이 죽어 있다니 놀라울 뿐이었다. 노벨 문학상을 받았던 '욘 포세'의 장편소설 『아침 그리고 저녁』에 나오는 주인공 요한네스의 말년 심정일지도 모르겠다. 슬프다. 좌우간 치료받고 완쾌하기를 기도드린다. 그런데 몇 달 만인가…. 오늘 저녁 뜬금없이 전화가 왔다. 의사가 "이제는 안 봐도 되겠다." 하였다기에 깜짝 놀랐는데, 내용인즉, 다행히 상태가 좋아져서 몸 컨디션만 회복되면 퇴원해도 된단다. 정말 다행이다.

하늘은 거두어 가려면 한꺼번에 거두어 갈 수 있음을 새삼 알았다. 날벼락 맞은 사람처럼, 갑자기 가는 사람이 어디 한둘이던가. 나도 그 형님도 이만하게 일상으로 돌아오게 된 것을 하느님께 감사드릴 뿐이다. 100세까지 산다고 하더라도 어차피 시한부 인생을 사는 처지이니, 매일 아침 아내를 사랑하고, 가족을 챙기고, 이웃에 잘하고, 사회에 봉사하고, 그래도 힘닿으면 인류애라도 발휘해 보았으면 하는 실없는 상상을 해본다.

✳ 한두 가지 주요 항목만으로 봐야 선택폭 넓어져

친구 자녀의 작은 결혼식에 초대를 받고 지정 좌석에 앉아서 보니, 호텔이나 전문예식장이 아니라서 그렇지 양가 합쳐서 200명 정도의 하객이 앉았으므로 식장이 작지 않았다. 자세히 보면 무대 앞쪽은 신랑 신부의 친구와 직장 동료들로 가득했고, 부모 측 하객은 외곽이었다. 그리고 입장도 신랑 신부가 동시에 함께, 성혼 선언도 신랑 신부가 함께 다짐하는 것으로 대체되었다. 신랑 신부 아버지의 축사가 이어졌지만 이미 결혼식의 주인공들은 나이가 꽉 찬 다 큰 당사자였고, 부모는 그냥 중요 축하객일 뿐이었다.

뒤쪽에서 와인을 한잔하면서 잠시 상념에 잠겼다. 나 자신 일찍 결혼했고 세 아이를 결혼시켰고 수없이 결혼식에 다녀 봤고 수많은 부부의 삶에 관한 얘기를 들어 왔건만, 항상 잘 모르겠는 것이 하나 있다. '결혼 상대자는 어떻게 구하는가' 하는 문제인데, 딱 부러진 기준도 없고, 그냥 내 맘 가는 대로 만나게 되는 것 아닌가 하고 생각하다가도, 그게 아닌 것도 같고….

삼각형이나 사각형보다는 육각형이 모난 구석도 별로 없는 것이 괜찮아 보인다. 그보다 더한 원이 있기는 하나 오히려 특장점이 없어 보이기에, 맞선을 보는 시장에서는 육각형 인간을 선택하려고 한다는 말이 있다. 외모, 자산, 집안, 성격, 학력, 직업 등 모든 면에서 완벽한 인간을 가리키는데, 육각형 남자는 175센티미터 이상의 키에 뚱뚱하거나 마르지 않은 체격이고 잘생기진 않아도 호감형 외모, 모나지 않고 둥근 성격, 대기업·공기업·공무원 등 안정적 직업, 4년제 인서울(서울에 있는)이나 지거국(지방 거점 국립대) 학력, 부모 지원 포함 2~3억 재산, 화목하고 노후가 대비된 집안의 사람이라고 한다. 그리고 육각형 여자는 164센티미터 이상의 키에 날씬한 몸매, 피곤하지 않은 둥근 성격, 안정적 직장이 있고, 4년제 대학 나오고… 부모 도움 포함 1억 정도 재산에, 화목하고 노후가 대비된 집안의 사람이라고 한단다.

요즈음은 개천에서 용 나는 것이 어려우니, 노력에 따른 성취 대신에 타고난 조건을 갖춘 인물에 열광한다. 그래서 판타지 웹 소설 같은 곳에서는 회빙환(회귀·빙의·환생)이 대표적 흐름이다. 별 볼 일 없는 주인공이 고달픈 생을 마감하고 새로운 인생을 시작한다거나, 신령이 몸 안에 들어와 대신 행세를 해준다거나 하는 설정이 많은 것이다.

그런가 하면 비교할 수 없는 능력의 소유자이지만, 오히려 보통 사람의 치열한 도전과 성취를 다룬 판타지 작품도 있다. 다소 허무맹랑하기는 하지만, 그 여정을 따라가는 우리는 오히려 현실과 밀접한 판타지를 경험하게 된다. 또 전문직의 경우 특정한 분야에 대한 전문용어를 촘촘히 제시하며 주인공의 독보적 능력을 보이게 하는 판타지도 '있을 법한 이야기'로 다가온다. 또 한 가지 부류는, 현실에서 잃어버린 인간성을 과감히 회복하며 따뜻한 감동을 자아내는 현대판 판타지도 호응을 얻고 있다.

『춘향전』의 춘향은 옛날 우리나라 신데렐라라 할 수 있는데, 우리나라에서는 그때부터도 잘난 결혼 상대자를 생각하는 판타지가 있었고, 당시로서는 이 도령은 거의 육각형 인간이었으니 옛날 독자들의 가슴에도 한 번쯤 품어 봄직한 인물이었지만 역시 소설 속의 판타지였을 뿐이다. 어쩌면 육각형 인간을 선망하는 현실의 좌절된 욕망이 인생 역전을 꾀하는 판타지적 욕망에 투영된 것인데, 판타지의 상상력에 살짝 기대서 더 나은 현실을 앞당길 수 있다면 그 또한 의미 있는 것이 될 수는 있겠다.

그런데 이런 것들을 너무 따지다 보니 결혼자금 부족, 결혼 필요성 못 느낌, 출산과 양육 부담, 삶의 자유 포기 못 함, 결혼 상대 못 만남, 고용 상태 불안정 등등의 이유로 결혼하지 않는 청년층이 너무 많아지고 있다. 어제 뉴스에 의하면, 혼인과 출산을 해야 할 30대의 절반 이상(51.3%)이 결혼하지 않았고, 특히 서울은 미혼율이 60%를 상회한다고 한다. 결혼이라는 중대사에 망설임이 없을 수는 없으나, 소셜 미디어에 나오는 남들과 너무 비교하지 말아야 한다. 스스로 나는 어떤 정도의 사람인가를 생각하고, 내가 가장 중요하게 생각하는 한두 가지 항목은 무엇인가 그리고 이 사람과 함께하면 어려움도 이겨낼 수 있지 않을까 하는 믿음 정도가 있다면 괜찮은 것 아닌가? 그래야만 그나마 선택의 폭이 넓어지고 결혼에 이르게 될 수가 있을 것 같다. 이제는 나이 많은 선배가 자식 결혼시킨다고 하면 반갑고, 또 쌍둥이 낳았다는 소식이라도 들리면 기특하다는 생각이 든다.

II.
밥벌이

창조적 상상력을 자유자재로 활용하는 사람이 천재

✸ 현실은 법보다 주먹이 먼저?

어릴 때 아이들의 세뱃돈은 대부분 최종적으로 엄마가 갖는다. 그래서인지 애가 어느 정도 크면 엄마에게 안 뺏기려고 하는데 이때 양자 간에 약속이 이루어진다. 그 돈으로 장난감을 사 달라고 할 때 "네가 크면 이 돈을 줄게."라고 새끼손가락 걸었던 그 약속도 나중에는 "너 키우는 데 다 썼다." 하는 엄마의 설명 앞에 무력화되었던 기억이 난다.

회사 다닐 때는 미국 회사와 맺은 기술도입계약이 너무 과중하고 불공평하여 종종 이행사항을 어기며 우리가 옳다고 생각하는 대로 진행하기도 하였다. 그러면 미국 회사 측에서는 항상 "Contract is contract."라고 하면서 제대로 된 이행을 요구하였다. 아니면 파기될 수도 있다고 으름장을 놓기도 하면서….

미국은 프랑스로부터 루이지애나를, 멕시코로부터는 캘리포니아를, 러시아로부터는 알래스카를 매수했다. 매도자들은 내심 배 아파하기는 하지만, 중요 부분에 착오가 있었다는 둥 하면서 계약이 무효라고 주장하지는 않는다. 약속은 약속이라는 계약 사회의 룰이 있기 때문이기도 하고, 초강대국인 미국을 상대로 이의를 달 수도 없는 현실 때문이기도 하리라….

미국의 트럼프나 프랑스의 마크롱, 재클린 케네디 오나시스 여사 등의 사례에서 보듯이 서양에서는 결혼 자체를 임의적 계약관계로 보기 때문에, 결혼과 이혼을 여러 번 반복해도 개인의 품성 평가에는 문제가 되지 않고, 법률도 그러한 연장선상에서 존재한다. 혼인은 하늘이 맺어 준 것이라는 종교적 구속도 별 무소용인 듯하다. 그리고 개인의 선택이 존중되기 때문에 개인의 사생활은 이미 성역이다. 우리나라와 필리핀, 인도 같은 곳과는 사뭇 다르다.

금융실명제처럼 성문의 계약이 중요하다는 법도 있으나, 부동산 등기와 같이 등기서류보다는 진실한 소유 관계에 손을 들어주는 법도 있다. 우리나라에서는 일본과의 을사보호조약의 하자를 들어 무효라고 주장하나, 국제법에서는 일제 강점기에 있던 우리나라를 일본국으로 보고 있는 것이 현실이다. 2차 대전 이후 미국은 패전국인 일본이 점령한 영토는 전쟁 전의 상태로 되돌린다고 일반적이고 원칙적인 선언을 하였는데, 일본은 내심 환영하였다. 조선은 2차 대전 훨씬 전에 이미 강탈하고 있었던 때문이었다. 그러나 당시 미, 영, 소, 프와 함께 승전국이던 중국이 상해에 있었던 대한민국 임시정부의 존재를 거론하였기 때문인지, 아니면 우리나라를 일본이 아닌 중국의 잠재적 속국이라 생각했었는지 정확히 모르지만, 좌우간 우리나라도 다른 나라와 같은 날에 동시에 해방의 기쁨을 보게 되었다. 우리는 우리 선각자들이 조약의 잘못을 주장하고 독립운동을 한 것이 결국 우리나라를 살려냈다고 생각하고 있다.

'약속'이라는 단어를 사전에서 찾아보면 다른 사람과 어디서 무엇을 어떻게 할 것인가를 정하는 것이라고 하고 법적 효력이 부여된 약속은 계약이라고 한다. 그런데 법에서는 쌍방 간의 약속이 한쪽의 일방적인 요구나 강압으로 불가피하게 이뤄진 경우에는 이행 책임이 없는 것으로 판결하기도 한다. 그런데 트럼프는 정상적으로 이루어진 국제조약마저도 깼다가 재협상했다가 마음대로 한다. 현실은 법보다 주먹이 먼저다. 약속을 할 때는 새끼손가락을 거는 관습이 있는데, 이는 세대를 불문하고 하는 행동이며 다른 나라에서도 통용되고 있다. 개인 간이든 회사 간이든 국가 간이든 약속을 하면 지켜야 한다는 것은 맞는데 내면의 진실 그 자체가 더 중요한가, 성문의 계약이 더 중요한가… Contract is contract. 그것이 문제다.

✸ 조직의 쓴맛은 매섭기가 청양고추보다 더해

    인사과 시절, 회사는 64K DRAM 개발 이후라서 공장 증설에 맞추어 직원을 채용하느라 엄청 바빴다. 한번은 고졸 여사원 채용과 연수 후 배치, 사령장 수여식이 끝난 뒤 똑똑해 보이는 한 여직원이 배치 기준이 무엇이었느냐고 물어 왔다. 난 엉겁결에 입사 성적과 연수 성적을 종합해서 배치했다고 둘러대었지만 사실 너무 바빠서 눈 좋으면 검사과, 키 크면 조립생산과에, 나머지는 오피스 근무 또는 팹생산과에 무작위 배치하였었던 것이었다. 지금 이 순간에도 지금쯤 60세 안팎이 되었을 그분들에게 배치 면담 한번 안 하고 배치를 결정했었던 점 늦게나마 사과드리고 싶다. Y 국회의원도 그 시기에 입사했던 똑똑한 여직원 중 하나였다. 그리고 이제는 여성 인력이 회사에 이바지하는 바가 워낙 커서 남성 인력을 보조하는 수준이 아니라 동등하거나 더 잘하는 경우도 많다.

    특수사업팀일 때는 홍콩지점장 하시던 분이 오셨다. 고참 부장은 넘고 이사는 안 되어 '담당'이라고 불렀는데 영업할 때 익힌 매너가 몸에 밴 분이라서 직원들하고 회식할 때도 등을 보이지 않는 것이 매너라면서 12시가 넘어도 먼저 일어나는 법이 없었다. 그러다가 퇴직하셨다. 과장일 때는 독일지점에서 계시던 분이 부장으로 오셨는데 매우 신사적이고 합리적인 분이었으나 독하게 목표를 달성시키는 사람이 아니었다. 끝내 임원이 되지 못하고 고참 부장으로 그냥 일했다. 회사는 후배인 나를 영업그룹장으로 발령을 내어서, 고참 부장은 그냥 부장이었고 결재권도 없이 계시다가 결국 퇴직하였다. 조직의 쓴맛은 매섭기가 청양고추보다 더했다.

  LCD 영업을 할 때는 이런 일도 있었다. 부서 업무가 늘어나다 보니까 직원들도 막 늘어났다. 신입도 있었지만 타 부서의 고참들이 전입해 오는 경우가 많았다. 한번은 전입 의사를 밝힌 사람이 상당히 숙련된 분이라서 수락했다. 그런데 나중에 인사카드를 보니까 같은 대학 2년 선배였다. 내가 성질이 급해서 회의 중에 막말을 할 수도 있겠는데 괜찮겠느냐고 물어봤더니 그는 좋다고 했다. 그는 나이 때문만도 아닌, 나에게는 없는 유연한 성품의 소유자였다. 후배 밑에서도 오래 근무했고 실제 나보다 더 오래 근무하였다.

  신경영을 외친 A사는 순혈주의를 중시했다. 입사한 직원들도 글로벌 시대에 맞게 재교육시켜서 평생직장이 되도록 하라는 큰 뜻을 밝히곤 했다. 나아가서 내 자식도 또다시 근무할 수 있도록 회사를 잘 키우라고 했지만, IMF 시기에는 남들과 마찬가지로 예외 없이 구조조정이라는 것을 실시하였다. 회사라는 것이 자선 사업을 하는 것은 아니지만 사정 변경이 생기니 한순간에 방향을 트는 냉엄한 현실을 보게 되었다. 이후 우리 사회에서는 비정규직이 보편화되고 수시 채용, 수시 구조조정이 이루어져서 '사장은 아버지, 종업원은 자식'과 같다던 유교자본주의를 특징으로 하는 한국식 자본주의는 퇴색하게 되었다.

A사도 마찬가지이지만 B사도 모든 판단 기준은 '오너에게 이익이 되는가, 회사에는 필요한 것인가' 하는 기준에 달려 있다. 보통 월급쟁이가 판단 착오를 일으키는 것은 오너들을 천사 또는 자선사업가로 잘못 인식하는 데 있다. 그러니 현실에서 독한 관리자가 성공하는 데는 나름대로 이유가 있는 것이다. 일을 많이 하여 실적 올리고(Performance talks) 자린고비처럼 절약하는 것이 월급쟁이 관리자의 출세 지름길이 될 수가 있지만, 물론 다 그런 것은 아니다. 종업원의 기술이 필요한 회사에서는 기술자들에게 최고 수준의 대우를 하면서 아랫사람을 잘 도닥이지 못하는 관리자는 안 된다. 왜냐하면, 기술자들은 오너에게 이익이 되고 회사에 꼭 필요하기 때문이다.

문제는 기술이 없이 누구나 할 수 있는 일을 하는 그런 사람들인데, 주인 없는 회사가 아니라면 남보다 역치가 높거나 의리와 충성을 다하는 그야말로 꼬붕이 되어야 살아남는다. 물론 우리가 책에서 배운 대로 하면 주식회사를 설립했을 경우 오너와 회사는 별개다. 오너 자신이 근로를 한다고 하더라도 배당소득과 근로소득에 국한되어야 할 터이지만 실전에서는 자영업자와 다를 바가 없다. 1인 대주주의 경우에는 특히 더 그렇다. 주요 의사결정은 오너가 정하고, 이사회를 구성하는 등기이사들도 주주총회 서류에 들러리로 전락하고 마는 것이 현실이다. 굴지의 상장기업의 이사회조차도 크게 다를 바가 없고 외부 명망가로 구성되는 사외이사가 있는 은행 같은 곳도 마찬가지다. 미국 같은 나라에서도 대통령 바뀌면 기존 정책이 획획 바뀌니, 힘 있는 자가 자기 힘대로 한다는데 어찌겠는가. 싸워야 하나?

✷ 인맥 쌓기에 가장 좋은 방법은 자기가 먼저 베푸는 것

직업관이란 직업이 자기 삶에 어떤 의미가 있는지에 관한 개인적 입장이다. 첫째로는 "여기 이 직장에 왜 무슨 일 하러 왔는가?"라는 질문에 응답하고, 둘째는 "일하러 왔지, 이해받으러 온 것은 아니다."라는 질문에 냉정히 응답해야 한다. 셋째는 자극 추구와 통제감에 대해서도 알아야 한다. 직장인들 가운데는 강도 높은 업무에다가 성과 부담을 짊어지게 되다 보니, '빨리 돈을 많이 벌어서 일 안 하고 편히 살자'라는 생각을 하는 이들이 많다.

그러나 은퇴한 사람들조차 또다시 일을 찾아 나서고 돈이 적지 않은 사람들 또한 일거리를 찾아다닌다. 그 이유는 우리 인간은 본래 자극을 추구하는 존재인지라 그렇다고 한다. 또 통제감과도 관련이 있다. 자신이 상황을 통제하고 있다고 느끼면 자신이 좋아하지 않는 일도 신나게 일할 수 있다. 하지만 좋아하는 일도 통제받고 있다고 느끼면 재미있게 일할 수가 없게 되고, 나아가 무기력해지고 자신감을 잃게 된다는 것이다.

직장에서 퇴직을 한 사람들의 퇴직 사유에 대한 통계를 보면 인간관계와 연관된 것이 59.3%라고 한다. 직무보다 인간관계가 더 퇴직의 원인이 된다는 것이다. 그러나 사실 직장에서는 종업원의 인간관계 문제는 부차적인 것이지 첫째는 아니라는 사실을 분명히 알아야 한다. 직장에 일하러 왔지 이해받으러 온 것이 아니라는 게 명징하다. 직장은 가족주의 문화가 침범하기 어려운 곳이다. 또한, 직장 내의 인간관계를 잘하기 위해서는 직장관을 분명히 하면서도, 상급자로부터의 칭찬과 격려를 받는다는 것이 어려우므로 제대로 된 스트레스 관리와 소통이 필요하다. 스트레스 관리를 위해 주변에 하소연하거나 상사나 동료를 힘담한다면 오히려 핀잔이나 질책을 들을 수가 있다.

술이나 사이버 게임, 음식 쇼핑 등으로 도망가려 한다면 오히려 중독 등으로 또 다른 어려움을 겪을 수가 있다. 그보다는 직장이란 성과를 내지 못하면 모든 것이 자신의 잘못이고 성과를 내면 모든 것을 가질 수 있다는 진리를 깨달아 상사가 원하는 방향으로 변신을 시도하는 게 좋을 듯하다. 마음의 힘이 되는 에너지는 재미·흥미를 일구지만, 분노·화 등을 일으키기도 하는 것이니 좋은 방향으로 승화하여야 하는데, '와신상담' '절치부심' 등의 사례가 있다. 또 소통을 생각해 볼 수 있으나 직장은 무엇보다도 효율이 중요하고 상하관계가 분명한 곳이다. 그러기 때문에 생각을 나누고 의견을 교환하고 서로의 주장을 들어보는 소통이 쉽지가 않다. 따라서 눈치 없이 자기 생각을 가감 없이 드러내는 것은 삼가야 한다. 눈치 있는 소통을 하기 위해서는 먼저 자신이 감당해야 할 역할을 정확하게 인식하고 인간관계 속에 자기를 몰입시키면서도 자신의 정체를 확인할 수 있는 '탈(脫)개성화'가 필요하다.

그리고 무엇보다 중요한 인맥은 자신의 바로 위 상사임을 잊지 말아야 한다. 이 관계가 잘못되면 직장 생활이 힘들어지고 많은 것을 잃게 된다. 상사와의 관계를 잘 맺으려면 최선을 다한 업무 자세로 상사를 감동시키는 것이 좋다. 상사와 나를 동일 운명체로 인식하고 가면 된다. 그렇다고 무조건 예스맨이 되라는 것은 아니고, 소신껏 최선을 다해 상사를 지원하면 자동적으로 신뢰와 인맥이 형성된다. 그리고 인맥 쌓기에 가장 좋은 방법은 자기가 먼저 베푸는 것임을 잊지 말아야 한다.

✺ 창조적 상상력을 자유자재로 활용하는 사람이 천재

  기획력은 무에서 유를 창조해 가는 능력이고 맨땅에서 출발해서 누구를 위해 무엇을, 어디에, 어떠한 방법으로 만들어야 할지를 명확히 해나가는 능력이라고 할 수 있으며, 인내력이란 어려운 상황이나 도전적인 시기에 집중력을 유지하고 꾸준히 노력하여 이겨내는 능력을 말한다고 한다. 나의 경우에 지나간 인생을 보면 좋은 아이디어(Idea)는 많으나 실천력이 부족하다. 그러니까 기획력은 있으나 인내력이 부족하다고 볼 수 있다.

  기획자와 실행자를 비교해서 말할 때 기획만 좋으면 결과가 없고, 추진력이 강하면 시쳇말로 삽질이나 하게 된다. 기획 잘

하는 사람, 소위 똑똑한 사람과 인내력이 강한 사람, 소위 추진력이 좋은 사람은 둘 다 결함을 갖고 있다. 세상은 공평해서 신께서 무언가를 주시면 무언가를 반드시 뺏어 간다고 하는데, 특정 능력이 좋으면 어딘가에는 반드시 빈틈이 있다. 결국 서로 공생해야 한다는 얘기인데…. 기획은 Why, What, How를 하는 것으로 How만 하는 계획과는 다르다. 특히 오늘날은 세상이 빠르게 변하고 복잡하여 제대로 된 된 설계, 그러니까 제대로 된 기획이 매우 중요해졌다. 기획은 더더구나 '어떻게'라는 절차적 의미보다는 'What to do', 즉 '무엇을 할 것인가' 하는 의사결정의 의미가 더욱 크게 되었다.

그런데 금 나올 자리를 연구만 하는 사람과 끝까지 삽질만 하는 사람 둘 중의 하나를 고른다면 삽질만 하는 사람이 성공할 가능성이 높다고 한다. 왜냐하면 우공이산(愚公移山)이라고, 금 나올 자리는 모르더라도 자꾸 하다가 보면 금이 나올 수도 있기 때문이다. 또 끝까지 계속하다가 보면 困知(공자가 말한 배움의 4단계. 生知, 學知, 困知, 下愚)에 의해 어느 정도 지식수준을 갖추게 되고 추진력까지 겸비하게 되기 때문이다.

물론 이 경우도 실패로부터 배우는 학습이 가능한 정도의 지력이 있어야 하고 강력한 의지가 있어야 한다. 무엇보다도 실패를 반복하는 동안에도 버틸 수 있는 재력과 힘이 충분한 엔진이야말로 필수사항이다. 인간은 생각하기에 따라 미래의 삶을 바꿀 수도 있는데, 성급함이야말로 사람을 파멸로 이끈다. 인내력을 키우기 위해서는 명확한 목표를 가지고 중단 없이 실천하고 부정적인 요소는 털어버리며, 용기를 북돋아 주는 협력자를 구해 필요할 때 그의 도움도 받아야 한다.

인내력이 높은 사람은 성취에 야망이 있으며 성공을 위해 많은 희생을 하면서 완벽주의자의 성향을 보인 반면에, 인내력이 낮은 사람은 야망이 적고 작은 성취에 만족하며 실용주의적인 경향을 보인다. 여기까지만 보면 인내력이 높은 사람이 더 좋을 것만 같다. 하지만 더 이상 보상을 기대할 수 없는 상황이 닥치거나 요즈음처럼 변화에 빨리 대처해야 살아남는 스피드 시대에서는 인내력이 높은 사람은 오히려 융통성과 유연성이 부족할 수도 있다.

반면 인내력이 낮은 사람은 아무리 노력해도 더 이상 보상이 주어지지 않는 상황에서는 재빨리 전환을 선택해서 불필요한 에너지를 절약할 수도 있게 된다. 결국, 어떤 기질의 특성이 높고 낮음을 말할 수는 없다. 기질 자체보다도 장점은 키우고 약점은 보완하는 방향으로 성숙도를 높일 수밖에 없다. 은퇴한 뒤 그냥 여유를 즐기며 살 것인지, 다시 일을 시작해 볼 것인지, 나아가 일을 다시 하더라도 인내력을 가지고 하던 일을 계속해 볼 것인지, 아니면 기획력을 발휘하여 새로운 일을 시작해 볼 것인지를 결정하는 과정은 쉽지 않다. 하던 일을 계속

하면 실패했든 어떻든 그간의 경험이 도움이 될 수 있지만, 새로운 분야의 일을 시작하면 또다시 갓 입대한 이등병과 같은 수업료를 내어야 하는 문제가 있다. 말 그대로 순간의 선택이 여생을 좌우한다.

통찰력이란 예리한 관찰력으로 사물을 꿰뚫어 볼 수 있는 능력을 말한다. L 회장은 직장 생활을 하다가 독립하여 원양어업을 시작했다. 그러나 돈을 벌고 있으면서도 언젠가는 원양어업이 시대를 이끄는 사업이 되지 못할 것이라고 생각하여 스스로 사업 전환을 시도하였다. 우리나라의 수출 산업이 성장하면서 외국 바이어를 맞이할 수 있는 고급 빌딩이 더욱 각광받으리라는 것을 예감했다. 빌딩을 인수하여 오피스 임대 사업을 하였는데 당시는 임대가 거의 전세이고, 이자율도 높아서 수지가 맞았다. 전세금은 다른 사업을 인수하는 레버리지가 되었고 그룹이 번창하였다는 것이다. 그때까지는 분명히 통찰력이 있었다.

통찰력과 비슷한 것으로 육감이란 것이 있다. 인간의 오감 위에 있는 육감은 창조적 상상력을 말하는 것으로서 아이디어 착상·번뜩임·명안·영감·계시 등으로 연결된다. 육감은 잠재의식의 일부로서 특별한 노력 없이도 무한한 지성과 자유로이 교신하며 내면에서 울려 퍼지는 마음의 진동을 명상으로 받아들일 때 비로소 실감할 수 있게 된다. 창조적 상상력은 신중

성과 계획성을 가진 극히 소수의 사람만이 구사할 수 있는데 이 능력을 자유자재로 활용할 수 있는 사람을 곧 천재라고 부른다.

✹ 후배를 잘 키우는 것, 리더의 중요한 일 중의 하나

리더는 타고난다(특질이론), 난세에 영웅 난다(상황이론), 리더로 가르쳐야 된다(행동이론)는 이론들이 있는데 현실에서의 리더들은 세 가지가 통합되어서 나타나고, 현실에서 리더십이라는 것은 배려(부드럽고 친절하게 잘 대해 주는 것)보다는 과업 중심(당근과 채찍)형이 더 많다. 마키아벨리는 부하에게 사랑받지 말고 두렵게 하라고 했으니 이는 경쟁이 치열한 극한 상황에서 경쟁을 극복해야 하는 때에는 특수하게 이해는 된다. 그러나 아무리 그렇더라도 훌륭한 리더십은 한쪽으로만 치우쳐서는 안 될 것이다.

어떤 대기업 직장인 한 사람의 얘기다. 평가가 아무리 생각해도 공정치 않고 납득할 수 없어서 부장과 대화를 했지만 아무 소용이 없었다. 이에 사장에게 직접 얘기할까 하고 고민하고 있다고 한다. 조직 생활에서 엉뚱한 발언이나 행동을 하면 곤경에 처하거나 따돌림을 당하기 일쑤다. 아니 반대로 그런 행동으로 영웅이 된다 해도 향후 조직 생활에서 살아남기는 매우 어렵다. 그래서 현실 사회에서 '옳다'고 확신하는 일을 실행에 옮기는 데는 엄청난 용기가 필요하다. 사장에게 'NO'라고 해야 할 때의 지혜로운 자세는 먼저 사직서를 쓸 정도의 각오가 돼 있어야 한다. 둘째로 아랫사람의 의견에 귀 기울일 줄 아는 사람인지를 먼저 관찰하고 판단해야 하며, 셋째로 'NO'라고 말하는 동기(動機)가 회사 운영에 관한 것인가 본인 개인 사리사욕에 근거한 것인가를 먼저 충분히 고려해야 한다.

  우리 사회에는 사장이라는 직함을 가진 사람이 수없이 많다. 자세히 보면 그들은 몇 가지 타입으로 나뉜다. 첫째는 권력에 아부하는 타입이다. 그들은 위만 쳐다보고 아래는 보지 않는데다가 자신의 자리를 지키는 데만 혈안이 되어 있다. 개인 철학과 의지를 내세우지 않는 전형적인 예스맨 타입으로서 예스맨 태도를 일관되게 유지하여 사장직에 올라서도 직원들에게 예스맨이 될 것을 요구한다. 둘째는 말과 행동이 다른 타입이다. 직원들 앞에서 공언한 것을 실행에 잘 옮기지 않으며 회의 석상에서 "타인과 같은 발상만을 하지 마라. 나는 창의를 원한다."라고 말하지만 말뿐이고, 구체적인 동기유발 실행 방안은 전혀 없다. 셋째는 아랫사람을 챙기는 타입이다. 위를 보기 전에 아래와 좌우를 보려고 하고 권력에 아부하지도 권력을 휘두르지도 않는다. 말을 적게 하고 실행하는 타입으로서 직원들의 이야기에 귀 기울이고 직원들과 자주 소통한다. 직원들 입장에서는 가장 선호하는 타입이긴 하나 현실에서는 롱런하기가 어렵다.

인공지능 AI는 오늘날 최고의 화두가 되고 있는데 최근 인공지능에 대한 위험성이 부쩍 강조된다. 이는 AI라는 권위에 도전하고 경계하는 것으로서 서양에서는 옛날부터 권위에 대한 도전이 자주 일어났는데 사실 그것이 세상 발전의 원동력이 되어 왔다. 영화 「보헤미안 랩소디」에서 가난한 이민자 출신의 주인공 가수가 부르던 그 곡에서 "Mama, just killed a man."이라는 구절이 나오는데 한 남자를 죽였다는 것이 아니라 기득권을 부수었다는 뜻으로 당시 젊은 층에서 열광적인 인기를 끌었다. 기득권이라는 거목 밑에서는 작은 나무들은 자라지 못한다. 거목이 없어지면 아쉽기는 해도 생태계가 바뀌면서 새 역사가 창조되는 것이다. 후배를 잘 키워서 계속기업으로서 나아갈 수 있도록 하는 것은 리더가 하는 중요한 일 중의 하나가 될 것이다.

✳ '고비용 저성장' 불행 막을 현자는 어디에?

5년 차밖에 안 되는 여선생에게 학년부장을 맡기겠다는 교감 선생과 실랑이가 이어진다. "훨씬 선배들도 많이 계신데 병아리인 제가 어떻게….", "다 안 하겠다고 하니 순번대로 하는데 선생님 순서라서 어쩔 수 없이 맡으셔야…."

부서 내 신규 프로젝트가 만들어져서 누군가가 이번 태스크포스팀 팀장을 맡아야 하는데 부장과 대리 사이에 실랑이가 이어진다. "이번 일은 중요해요. 귀하가 적임자예요. 지난번에 월급도 적다고 했는데 조금이지만 팀장 수당이 있으니까 보탬이 되잖아요….", "제가 하는 일만 해도 벅차서 근무시간 내에 마치고 제때 퇴근할 수가 없어요. 그런데 또…."

훈련을 제대로 빡세게 시키라고 했다고 부대장을 기피하지 않나, 경찰이 제대로 현장 근무 하는지를 관리하기 위해 순찰차의 위치를 자주 보고하라고 했다고 해서 청장을 탄핵시키라고 하지를 않나, 도대체…. 일에 대해서 예전 같은 열정을 불태우는 사람이 없다. 그리고 책임이 많은 보스는 의도적으로 되지 않으려고 한다는 의도적 언보싱(Conscious unbossing)이 우리 사회에 점점 문제가 되고 있다. 중간관리자가 스트레스가 높은 데 비해 보상이 낮다는 문제는 있지만, 월화수목금금금을 뛸 사람까지는 아니라도 어려움을 극복하여 목표를 달성해 내려는 의지가 없다는 것이 더 큰 문제인 것이다.

최근에는 A사의 위기론을 말하는 사람이 많다. 예전에 사장을 했던 진대제 박사의 말에 따르면 그때는 벤처회사처럼 사장부터 과장까지 100여 명이 모여 밤새 치열하게 토론하고 해법을 찾아 밀어붙였다. 그리고 실패하더라도 책임을 묻지 않았다. 당시에는 설계에서 양산까지 '기술 통합 정책'의 시대였으나 기술 유출 등을 염려하여 '기술 분산 정책'으로 바꾸었는데 이는 실책이라고 보고 있다. 조직이 커지고 관료화되었기 때문이었다.

주 52시간 근무제 영향도 컸다. 열심히 일하는 분위기가 있어도 점점 나태해지기 마련이다. 국가적으로 법까지 만들어 근무시간을 넘기면 처벌한다는데 어느 회사 어느 직원이 열심히 할까. 그런데 주 52시간, 이 문제는 이미 대세라서 우리 사회에서 돌이킬 수가 없게 되었다. 그나마 그 시간만이라도 열심히 하면 좋은데 사람이란 뛰면 걷고 싶고, 걸으면 앉고 싶고, 앉으면 눕고 싶은 법이라서…. 일 적게 하고도 살아남는 유일한 방법은 획기적인 고부가가치의 기술 상품을 계속 만들 수 있어야만 하는데, 그것이 마냥 계속 가능한가. 공대생들이 동네에서 의사 하겠다고 갈아타는 판국에….

결국, 지금이 5천 년 이래 가장 잘사는 시대이고 앞으로는 거꾸러질 일만 남았다고 보아야 한다. 자식 세대가 걱정이다. 계속 성장하는 사회에 살아온 사람들은 살림살이가 줄어드는 고통을 알지 못한다. 서서히 수입이 줄어들고, 소비가 줄어들어 생산해도 사 줄 사람이 없고, 외식하기가 부담스럽고, 자가용이 노후화되어도 새것으로 바꿀 돈이 없고, 병원 갈 돈도 없고…. 상상하기가 싫다. 경제사를 보면 사람들이 전통 농업경제처럼 '저비용 저성장' 시대를 살다가 산업화 시대로 넘어오면서 힘들게 노동하여 '저비용 고성장'을 맞이하게 되나 성장의 과실을 요구하는 바람 때문에 곧바로 '고비용 고성장' 시대가 된다. 그러나 그 바람이 과하게 되면 '고비용 저성장' 시대가 불가피하게 올 수밖에 없게 된다. 국민들이 요구하는 연금 개혁 하나도 제대로 하지 못하고 있는 현실인데 어쩌나, 어찌해야 하나. '고비용 저성장'의 불행으로 가기 전에 이를 되돌릴 현자는 어디에 있는가?

✹ '옳고 그름'이 아닌 '좋고 싫고'만 살아 있으니…

임진왜란 전에 도요토미 히데요시가 전국을 통일하고 힘을 키워 나가자 이를 우려한 선조가 염탐꾼을 보내려 하였다. 하지만 왜(倭)가 검문검색을 강화하는 바람에, 하는 수 없이 왜의 동의하에 정식 통신사를 보내기로 하였다. 서인의 황윤길과 동인의 김성일이 갔는데 왜는 이 핑계 저 핑계 대면서 시간을 끌었고, 군비를 감추었다. 그래도 귀국 후 어전회의에서 훗날 병조판서가 되었던 정사 황윤길은 '그간의 실정과 형세를 보면 반드시 병화가 있을 것'이라 하였으나, 부사 김성일은 '전혀 그러하지 않은데 서인이 세력을 잃었기 때문에 민심을 동요시키고 있다'고 보고하였다. 2년 뒤 왜란이 일어나자 선조는 몽진 길에 황윤길의 말을 믿지 않았음을 크게 후회하였다는데, 세상일은 동전의 양면처럼 양면성을 가지고 있어서 주인이 알아서 제대로 판단할 수밖에 없다.

요즈음에도 여야 간의 주장들을 보면 도대체 국정을 책임지고 대책을 연구하는 나름 전문가들의 의견이라는 것들이 완전히 상반되어 무엇이 맞는지 도대체 알 수가 없다. 방송에 나와 상호토론을 해도 상대방의 말이 사리에 맞으면 수긍하여 의견을 좁혀 나가야 하는데 좁히기는커녕 자신들의 입장을 방어

하기만 한다. 잘못된 주장이라도 잘 우기면 선방하였다고 하고, 말도 안 되는 주장만을 계속 반복하는 것이라서 황당하기만 하다. 결과적으로 주인인 시청자들이 알아서 올바로 판단할 수밖에 없게끔 되었다. 게다가 작금의 팬덤 현상은 이에 기름을 붙이고 있다. '옳고 그르고'의 판단이 없이 '좋고 싫고'의 호불호에 의해서 강성 지지파만 살아 있으니 후세를 위해서라도 반드시 잘되어야만 하는 세상일이 잘못되지나 않을까 걱정이다. 또다시 임진왜란 같은 국난이 온다면 옛날 그때와 똑같지나 않을까 두렵기 짝이 없는 요즘이다.

✳ '시스템 구축' 사업이 '단품 생산'보다 낫다

우리는 배 타고 바다를 건너가서 식민지를 만들거나 제국주의를 해본 경험이 없어서 시스템적 사고가 부족하다. 우리는 이제 다른 나라 사람들이 만들어 놓은 자동차·반도체·비행기를 뒤늦게 더 잘 만들려고 하고 있을 뿐이다. 소위 일등 국가 사람들은 방직공장은 없어도 의류산업을 선도하고 있고, 과거에 차지했던 땅에서 이리저리 단물을 빨고 있으며, 자동차·반도체·비행기보다도 더 나은 또 다른 것들을 자꾸 먼저 만들어 내고 있다. 특히 단품이 아닌 시스템을 만들고 나서는 단품을 가져다 끼우고, 판을 키우는 그러한 쪽의 일을 하고 있는 것이다. 그들이 만들어 놓은 것을 보면 올림픽, 월드컵, 노벨상 그리고 국제해상보험, 국제금융, 국제증권사업뿐만 아니라 인터넷 시스템에 이어 AI 시대를 열었고, 가상화폐 시장이라는 시스템을 만들었다.

예전에 유선통신이 대세인 시절 겨우 무선통신이 싹트고 있었을 때 A사는 핸드폰 제조를 선택했고, S텔레콤은 무선통신 시스템 운영사업을 선택했다. 당시 내부에서는 잘못하고 있다는 의견이 많았다. 그러나 핸드폰이 폭발적으로 성장하여 대박이 날 때는 역시 우리가 잘했다는 생각을 하기도 했다. 나중에 시장 포화가 일어나자 역시 시스템 사업이 낫지 않았을까 하는 말들이 다시 나왔다. 단품이냐 시스템이냐에 대한 갈등이었다.

비디오 가게에 불과했던 넷플릭스는 IPTV라는 인터넷 플랫폼을 가지고 온 세상의 영상 저작물을 아우르고 있다. 우리나라에서 만든 「폭싹 속았수다」라는 제주를 배경으로 하는 드라마나, K-Culture의 산물이라고 하는 「오징어 게임」 드라마의 판권뿐 아니라 '오징어 게임 체험장'을 전 세계에 만들어 소위 히트를 치고 있단다. 이는 우리에게 시스템적 사고와 투자가 부족한 때문이라고 할 수밖에 없다. 노벨 문학상을 한국 작가가 받았는데 이를 계기로 영미의 출판사들이 돈을 벌고 있고, '밀리의 서재'라는 전자책 구독 서비스가 시장에서 뜨고 있다. 온라인 시장이 커지고 택배 시장이 커지고 비트코인과 같은 가상화폐 시장이라는 또 다른 시스템이 커지고 있다. 이제는 시스템을 구축해서 하는 사업이 단품 생산보다 훨씬 낫다는 현실을 잊지 말아야 할 것이다.

✳ 미국지역전문가… 인생에서 가장 빛났던 시간

면접 때 받았던 면접관의 두 가지 질문이 기억난다. 왜 A사를 지원했냐고 대뜸 물어서 A사가 그냥 좋다고 했다. 이유는 잘 모르겠고 그저 다른 회사보다 느낌이 좋다고 했더니 다들 웃었다. 안경을 쓰고 있는데 눈이 나빠서 일을 잘할 수 있겠냐고 돌발 질문을 해서, 대학교 4학년 때 군 신체검사에서 안경 썼다고 2급 되었지만 현역에 합격했는데 회사 일이라고 못 하겠느냐고 바로 되받아 대답하였더니 또 다들 웃으시더라. 지금 생각해 보면 한마디로 세련된 구석은 없고 돌쇠 같은 느낌이었을 것 같다.

요즈음 같은 소수 수시 채용이 아니고 대규모 공채를 하던 시대인지라 연수원 마치고 배치 면담을 하는데 사나이(한마디로 촌놈)가 보험이나 백화점에는 안 간다고 했고 전자(당시는 TV 생산)는 수원에 있다는 이유로 안 간다고 했다. 또 통신사업부는 구미에 있으니 안 간다고 고집을 부렸더니 서울에 있다는 이유만으로 반도체사업부를 가게 되었다. 입문 교육을 부천에서 받았는데 반도체도 몰랐고 부천도 몰랐다. 그런데 인사과장이 동향 사람이라고 나의 뜻도 모르고 나를 부천 인사과에 있게 하고 말았다. 그렇지만 얼마 있지 않아서 입대 영장이 나왔다.

제대한 뒤 복직 후에는 기술도입 업무를 했고 후에는 기술도입을 실제 관리하는 INTEL팀으로 갔다. 제품생산 후에는 다시 OEM 수출업무를 하는 특수영업팀으로 가게 되어서 마침내 태평로 본관 10층에서 넥타이 매고 근무를 하는 서울 사람 소위 Seoulite가 되었다. 긴 여정을 통해 이루어진 것이어서 기뻤다. 그러나 진정 돈 있고 잘난 사람은 넥타이도 안 매고 다니며 건강관리를 위하여 마당이 있는 저택에 산다는 사실을 나중에야 알았다.

나는 당시 「병역법」에 따라 부선망 독자로 처리되어 육군 방공포병대 탄약수로 6개월 복무하였다. 군 미필 전형으로 입사하고 난 후에, 영장이 나와서 입대한 다음 복직한 것인데 회사 입사 기수가 빨라서 승진도 빠르고 좋았다. 지난 시절을 돌이켜 보면 직급은 빠른데 나이가 적어서 역량은 부족하고 나이로 맞먹을 수도 없었다. 그 점이 두고두고 나의 직장 조직 생활을 어렵게 했다. 일찍이 관리자의 대열에 들어섰다. 남들이 과장을 맡을 나이 때부터 부장이 되었기에 그중에는 항상 말석이었고, 임원이 되어서도 나이 많고 머리가 굵은 부하 직원을 지휘해야 하고…. 한국 사회에서는 나이와 연공서열 그리고 짬밥이 중요한 경우가 예사여서 어려움을 많이 겪었다. 한번은 입사 시험 감독 요원으로 간 적이 있었는데 똑똑한 대리가 진행을 도맡아 했다. 과장이었던 나는 뒤쪽에 서 있었는데 우연히 시험 문제가 눈에 들어오고 오답에 체크하는 수험생을 봤다. 가르쳐 주고도 싶었지만, 그냥 물끄러미 바라만 보았다. 그도 그의 인생을 살아야 하니까….

A사는 시계 칩을 만들던 회사에서 64K DRAM을 만들고 기흥 공장을 지으면서 크게 성장하였다. 당시는 신기술 도입이 급선무였던 점과 제품 고도화 과정에서 불가피하게 발생하는 잉여 라인의 가동률을 높여줄 목적으로 특수사업팀이 생겨서 마이크로프로세서 OEM 생산 수출과 FOUNDRY 영

업이 있었다. 단기 수익 향상을 위하여 펜티움으로 대표되는 INTEL CPU의 한국총판을 담당하는 부서였다. FOUNDRY가 중요하게 대두되고 있는 요즈음의 NVIDIA처럼 뛰어난 설계를 가진 Fabless 업체는 별로 없고 당시에는 소형 마이콤 설계업체들을 위하여 철 지난 라인에서 생산을 대행해 주는 정도여서 소규모 사업이었다.

그다음으로 옮겨 간 Memory 수출1부는 Corporate account라고 하여 IBM APPLE 같은 대형거래선을 담당하던 곳이었다. 중요 거래선이었으므로 영어 Presentation 스킬이 있어야 했고 손님 응대도 남달라야 했다. 수출 전선에서 동분서주할 때 한번은 미국에서 귀국하는 비행기 옆자리에 앉은 어느 대학 역사학과 교수 한 분을 만났다. 그가 먼저 어디 갔다 오느냐고 물어서 수출과장이라고 했더니 나더러 애국자라고 했다. 자신은 안식년 휴가를 다녀오는 길이라고…. 내가 교수님한테 한 가지 물어봐도 되겠느냐고 양해를 구하면서 물어본 것이 제너럴셔면호 사건이었다. 미국에는 서부 개척이 미처 끝나지도 않은 시점인데, 당시 태평양을 횡단하는 배가 그렇게 큰 것도 아니고 조선이 꼭 통상을 해야 할 만큼 큰 나라도 아니었는데 어떻게 대동강까지 오게 되었느냐고 물었다. 교수님은 그게 바로 미지의 세계를 선점하려는 미국의 힘이라고 하면서 반도체 수출을 위해서 젊은이들이 온 세계를 누비고 열심히 해서 국위를 선양하라고 격려하신 말씀이 기억난다. 그때 출장은 IBM에 메모리 샘플을 주고 돌아오는 길이었다. 필요 없다고 안 받는다는 것을 겨우 밀어 넣고 오던 길이라서 풀이 죽어 있었는데, 교수님 말씀이 다시금 용기를 내는 좋은 계기가 되었다.

근무한 지 10년 정도 되어서 번아웃이 될 무렵, 미국지역전문가로 가게 되었다. 그 시절은 내 인생에서 가장 빛났던 시간이었다고 생각된다. 월급 말고 50,000불 정도의 현지 수당으로 혼자서 1년간 미국 생활과 공부 그리고 여행을 하는 것이었으니 좋았다. San Francisco San Jose 인근에서 그것도 Berkeley University 인근에서 Native와 지내기 위해서 홈스테이를 했다. 미국 유학 온 많은 내외국인을 만나고 세상이 넓다는 것을 새삼 알게 되었고 골프도 치고…. 수출과장으로 바쁘게 미국 유럽에 출장 다닐 때와는 또 다른 세계를 접했다. 3개월 지나서는 Nissan 승용차를 사서 몰고 Austin Texas로 이사했는데 그곳에서도 홈스테이를 했다.

다음에는 텍사스 주립대 ESL 코스에 다니면서 한 번 더 영어 공부에 박차를 가하고 있었는데, 갑자기 미국지점·반도체기획실·그룹 비서실 기획팀에서 연거푸 연락이 오더니, 미국 내에 10억 불짜리 반도체공장을 짓는다고 하여 현지 안내인으로 참여하게 되었다. 사실 미국지역전문가 본래의 일은 아니었으나 회사일, 나랏일이면 우선 챙겨야 하는 시대 분위기에 동참했다. 머지않아 기술진도 오고 기획실 직원도 오고 나중에는 상무·사장도 들렀고 텍사스주지사 부시도 만났다. 주지사 관저에 식사 초대를 받아서 갔을 때 말미에 그냥 헤어지려는 순간, 차에 카메라를 가지고 다니던 내가 기념사진 찍자는 말을 했었는데 주지사 부시가 정치인답게 "토마스(나의 Western name)! 카메라 가져와." 하던 말이 기억난다. 보통 조직 생활에 익숙한 사람들은 윗사람들 말씀이나 중요 행사 중에는 잘 끼어들지 않는데, 그 순간 내가 어떻게 사진 얘기를 갑자기 꺼냈는지…. 당시에 어떻든 잘 넘어갔었고 지금도 그 사진을 가지고 있다.

    Austin 인근에 반도체공장을 짓는다는 결정이 날 무렵 귀국을 했다. 당시 미국지점에서는 내가 현지 사정을 잘 아니까 총무과장 비슷하게 있어 주길 바랐는데, 1년씩이나 가족과 떨어져 지냈더니 한국에 오고 싶어 참을 수가 없었다. 고국까지 걷거나 뛰어서 갈 수 없다는 사실이 이렇게 무서운 심연을 내 마음속에 열어 놓을 줄은 미처 몰랐었다. 만약 당시에 그냥 미국 주재원으로 더 있었다면 우리 애들 영어는 더 잘할 수 있었을 텐데… 하는 생각도 해보면서 귀국 비행기를 탔다. 요즈음은 미국 반도체공장이 더 커져서 FAB공장 2개에다가 조립공장까지 투자한다고 하니 대단하고 감개무량하다. 다 지을 즈음에 한번 가 봐야지···.

　귀국하여서는 LCD 영업팀으로 갔다. 초기에는 LCD 샘플을 배포하며 판촉을 다녔다. 품질 불량이 발생하여 클레임을 처리하던 시기에 LCD 담당 사업부장님이 노심초사 고심하시던 모습이 눈에 선하다. 기술자 출신이시라 영업을 배우기를 원했고 업체방문을 즐겨 하셨다. 한번은 중소 업체 한 군데를 방문했는데 그쪽 부회장께서(실은 오너였으나 젊으시니까 회장이라고 하지 않고 부회장이라고 한다는 것부터 범상치 않았다) 말씀하신 '중소기업 5단계'가 인상적이었다. 첫째는 Foundation crisis인데 설립 당시의 어려움을 말하는 것이었고, 둘째는 Competition crisis로서 시장 참여의 어려움을 뜻했다. 셋째는 Finance crisis로서 치열한 경쟁에서 살아남으려다 보니 자금이 부족해지는 어려움을 일컬었다. 네 번째는 어느 정도 안정기에 들 때 경영이 느슨해지는 Management crisis 시기가 오며, 마지막으로 다섯 번째는 또다시 신제품을 개발해서 새롭게 뛰어야 하는 Innovation crisis 시기가 온다고 하는 취지의 말씀이었다. 마음으로부터 공감이 들었다. 어려운 시기를 지나 공장이 증설되고 매출도 급증하고 영업 직원도 늘었다. 부장인 나 한 사람 밑에 대졸 사원이 35명이나 되어 후배 지도는 엄두도 못 내었다. 들어오면 그냥 실전에 투입하였는데 지나서 보면 후배들에게 본의 아니게 미안한 마음이 들었다. 아마도 6·25 전쟁 때 징집된 아버지도 훈련조차 제대로 받지 못한 채 전장에 투입되었으리라.

✳ 인생 두 길…
어떤 길을 가느냐 하는 가장 어려운 결단

업무량도 늘어나 힘에 부쳤다. 전날 밤에 접대하고도 새벽 6시 30분에 출근하여 미국 통화, 이메일 수발신 확인 및 답신, 7시 부서 자체 회의, 7시 30분 사업부장 주관 회의를 했다. 오전에는 일본, 국내 영업 업무, 오후에는 공장 방문, 유럽 통화, 저녁에는 또 방문 손님 접대…. 정신이 없었다. 기흥 공장에서 오는데 몇 번이나 주체를 못 할 정도로 눈꺼풀이 무거워져서 길가에 차를 세워놓고 자던 일, 술 먹은 다음 날 차를 몰고 출근하다가 교통사고를 낸 일도 있었다. 해외시장개척비, 교제비, 회의비 등등 경비예산도 적지 않았지만, 예산 부족일 때가 많아서 경비초과 품의를 써서 결재를 받으러 가면 사업부장께서는 항상 건강 조심하고 안전을 조심하라고 하셨다. 당시 계열사 사장 한 분도 접대 후 손님에게 친절하게도 자신의 차를 내주고 자신은 다른 차를 탔는데, 귀가 도중 갑작스러운 지병 악화로 병원에 갔다. 하지만 운전하던 이가 사장님의 운전사가 아닌지라 제대로 돌보지 못해서 돌아가시는 사고가 생기기도 했다. 수출이 늘어나고 나라가 발전하는 가운데 수반된 힘든 직장 생활의 한 단면이었다. 그래도 전우의 시체를 넘고 넘어 우리는 계속 전진한다는 시대상이 그때였었다. 이렇게 열심히 산다면 무슨 일을 못 할까 싶기도 하다.

어느 날 아침 전 세계에서 오는 이메일을 미처 다 읽기도 전에, 그것도 ATTN(수신 Attention)도 아닌 CC(참조 Carbon copy)로 받은 다른 윗사람이 먼저 질문 전화를 해 왔던 피곤한 일도 있었다. 마지막 출장을 유럽으로 갔는데, 영국에 도착하고 바로 거래선 미팅을 하는 바람에 시차 적응이 안 되어 비몽사몽 하였다. 그동안에도 그만두기로 마음먹고 있었는데 마침 뚜껑이 열렸다. 오는 길에 독일에 들러 후배 과장을 만나 이별 인사를 했더니, 그 과장 왈, "임원 고지가 바로 앞이고 특수사업팀의 최고이니 살아남아서 자기들의 라인이 되어 자신들을 지켜 달라."라고 하던 말이 지금도 기억난다. 돌아와서 퇴직을 고했더니 상사는 "돛단배가 잘 가는 것 같아도 바람에 휩쓸리기 쉬우니 군함의 부품이 되라."라고 예의상 권하기는 하였는데, 내 귀에는 전혀 들려오지 않았다. 그는 후에 부회장이 되었고 자기가 하면 다 이룰 수 있다고 믿고 열심히 뛰었지만, 역시 오너는 따로 있었다.

내가 대리 시절에 기획실에 근무하고 있던 한 친구가 사직한다고 해서 소주를 한잔 나눈 적이 있었다. 그는 대기업 기획실 업무 같은 것은 배워도 쓸모가 없다고 하면서 오퍼상을 해보겠다고 나갔다. 임원 한 사람이 말하기를 "너희들이 지금은 월급도 적고 그렇지만 계속 하다 보면 결혼하고 집도 사게 되고 승진도 하고 그렇게 되더라."라고 하였다. 회사 일에만 '올인'하여 사장이 된 그는 연봉도 많이 받고 스톡옵션도 많아서 소위 월급쟁이 갑부가 되었다.

인생에는 두 길이 있는데 방향을 정하고 자기의 업을 만들어 가는 길과 월급쟁이로만 가는 길이 있다. 몸과 재산을 모두 바쳐도 고생 끝에 성공하기만 하면 자기 사업의 길이 훨씬 나은 것은 두말할 것 없다. 물론 시대가 빠르게 바뀌니 아차 하는 순간 사업을 망쳐 버리는 경우도 많은 반면, 월급쟁이는 몸뚱이 하나로 열심히 하면 임원이 되고 CEO가 되면 인정도 받고 돈도 많이 벌기도 하고 좋긴 하다. 하지만 중간에 도태되기도 쉽고 정년퇴직을 하거나 해도 웬만해서는 퇴직금 말고는 남는 것이 없게 되기도 한다. 어떤 길을 가느냐를 결정하는 것은 인생에서 가장 어려운 결단이다.

그다음으로 간 것이 B 기업인데, 어쩌다 보니 무려 20년이

나 다니게 되었다. 사무실 임대사업을 하는 꽤 큰 중견기업이 었는데 증권 계열사 부도 때 보증을 서서 은행 빚이 많았다. 특히 제2금융권에서 상환압박을 많이 받아서 할 수 없이 보유 부동산을 매각하고 있을 때 내가 이사로 들어가게 되었다. 처음에는 구조조정 작업의 일환으로 토지 매각 작업을 했고 중간에 시설 담당, 임대 담당 상무를 거쳐 제주 농장 대표를 끝으로 은퇴하였다.

✳ 퇴직 이후 어떻게 하느냐는 결국 각자에게 달려 있다

은퇴 후 백수 과로사라는 말이 실감 날 정도로 나름 바쁜데, 바빠서 오히려 즐겁다. 내가 해보고 싶던 것들을 하나하나 할 수가 있고 술도 줄이고 운동도 하고 강연도 듣고 친구들도 만나고 자기가 주도하는 통제감이 있는 생활을 할 수 있기 때문이다. 사실 A사에서 나왔을 때는 애들도 어리고 생계 때문에 행동이 부자연스러웠으나 지금은 40년 경제활동을 했고 세 자녀 출가도 했고 부모, 처부모 모두 돌아가셨다. 그야말로 의무가 없어진 때라서 집도 있고 약간의 돈이 있고 국민연금도 나온다. 아내도 편안하여 말하기를 "당신도 고생했고 쉴 때도 되었다."라고 수용해 주니까 나도 맘 편히 운동하고 내가 하고 싶었던 일, 글쓰기를 할 수 있게 되었다. 그래도 아내는 재산세 고지서 나올 때면 "재산세 더 많이 내도 괜찮으니 재산 좀 더 많았으면 좋겠다." 하고 한 번씩 툭 내뱉기는 하니까, 남편의 은퇴에 아쉬움은 남는 모양인 것 같다.

사실 셀프 노동까지 하는 자영업자가 아니고 시스템을 만들고 종업원을 채용하여 오토로 돌리는 정도의 오너들은 매일 통제감 있는 생활을 하는 셈이니, 쉽게 자아실현을 할 수 있는 환경이 만들어진다고 볼 수 있다. 물론 그들도 힘든 고민의 시간이 있겠으나 방향성이 있기에 방향성이 없는 월급쟁이와는 차원이 다르다. 무한한 에너지가 나와서 돈을 더 벌고자 하거나 명예를 도모하거나 더 높은 곳을 향하고자 하는 경우에는 노년기에도 청년처럼 더욱 즐거이 일할 수가 있는 것이라고 보인다. 그런데 재미있는 것은 그들도 가끔은 월급쟁이들이 정년퇴직하거나 하여 지겹던 직장을 깔끔하게 제대하고 떠날 수 있는 모습이 몹시 부럽다고 말하기도 한다. 사업이 어려워도 훌훌 털고 떠나지 못하는 오너들의 애로 사항도 있는 법이니까…. 사실 나 자신도 A사에서 나왔을 때는 사업을 하겠다는 생각을 했었으나 엔진이 약하여서 계속 '못 먹어도 GO' 할 수가 없었다. 다시 월급쟁이로 들어가서 밥벌이를 하다가 처자식에 대한 나의 임무가 마쳐질 즈음에는 이미 은퇴의 시기가 되어 버려 안타까울 따름이다.

'잠이야 죽어서 얼마든지 자면 되지' 하면서 잠 안 자고 오래 일하여 피곤하면 오히려 뿌듯해지고, 휴가도 안 가고 은퇴도 안 하고 죽어라 하고 오래 일하는 것을 미덕으로 여기고, 휴식은 게으른 사람이 하는 것이고 야근, 주말 근무 자원하고 휴가 반납하면 영웅으로 여기는, 그러한 시대 풍조에서 살아온 어떤 분이 있었다. 그분은 자신이 퇴임한다고 하니까 주변에서 "이제 취미 생활이나 하시면서 편히 쉬시라."라고 하기에 "쉬다니 무슨 소리! 신명을 바쳐 내 시간을 고스란히 바칠 수 있는 인생 2막을 시작할 때가 이제야 왔는데."라고 반박했다고도 한다.

요즈음은 은퇴 이후에도 20년에서 30년의 적지 않은 노후 기간이 있으므로 살면서 누구나 은퇴 이후의 그림을 그려보게 된다. 처음에는 젊을 때부터 Fire족이 되고 싶어서 미래를 그리다 말고, 살아가다가 또 힘들 때는 또 그림을 그리고 상상해 보고 그렇게 하지만, 나중에는 진짜 은퇴 직후에 바로 가까이에서 진실로 상세한 그림을 그리게 된다. 은퇴 직후에는 막 군대 제대한 때처럼 밀월 기간이어서 하고 싶었으나 하지 못했던 일들을 하면서 시간을 보내게 되는데, 좀 더 지나면 일상에 적응하게 되고 살아왔던 본인의 삶을 재지향하게 된다. 은퇴 이후의 시간도 인생 정리기가 아니라 승부수를 던질 화려하고 가슴 뛰는 무대라고 느끼는 사람도 있으나, 대부분 은퇴 이후의 생활에 적응하고 현실적 대안을 생각하고 삶을 재설계하여 여가를 즐기고 일상 삶을 회복하게 되면서 안정기를 맞이하게 된단다.

그런데 대부분 사람은 여생을 이용해서 무언가를 다시 하려고 하지만, 무엇을 할 수 있는지를 모르는 경우가 많다. 종국적으로는 타인의 도움이 필요한 시기로 접어들 수밖에 없게 되는데 중요한 것은 반드시 능력에 맞는 목표를 정하고 질서정연한 후퇴를 해야 한다는 사실이다. 성공적인 노화는 건강한 정신을 바탕으로 질병이 없는 상태가 지속되는 것을 말한다. 건강할수록, 소득이 높을수록 사회계층이 높을수록 행복할 것 같지만 사실은 건강과 생활수준에 대한 자기평가와 배우자와의 관계에서 오는 만족감에 좌우된다. 마지막으로 남는 것은 자기 통제력인데 자신이 원하는 대로 이루어지도록 주변을 변화시켜 나가는 힘, 즉 1차적인 통제력은 점차 감소하고 오히려 자신이 주변 환경에 맞추어 나가야 하는 2차적인 통제력이 점점 더 중요해지는 시기가 오게 된다.

한편 퇴직이 좋은 이유를 말하는 사람의 의견을 들어보면 더 이상 「오징어 게임」 같은 경쟁을 하지 않는다, 구속에서 해방되어 자유를 찾는다, 가장의 멍에를 벗는다, 싫은 사람 안 봐도 된다, 욕망과 집착에서 벗어난다, 살기 좋은 복지의 나라를 경험한다, 나아가 새로운 세상을 맞이할 수 있다는 것 등인데 퇴직 이후 결국 어떻게 하느냐는 각자에게 달려 있다. 누군가는 나에게 노년기의 5대 리스크나 조심하라고 경고하곤 한다. 여기에서 5대 리스크란 '성인 자녀 리스크, 금융 사기 리스크, 창업 리스크, 질병 리스크, 이혼 리스크' 등을 말한다.

  요즈음은 욜드(Young old, 영 올드족) 얘기도 많다. 숫자도 많을 뿐 아니라 이전 세대에 비해서 더 건강하고 부유하며 고학력이다. 건강과 경제력을 기반으로 생산 및 소비생활을 적극적으로 영위하며 은퇴 이후에도 사회 경제적 활동을 계속하는 특징을 보여주고 있는데, 특히 소비와 문화생활을 즐기고 독립적이고 주체적인 삶을 지향하는 모습을 보인다. 한편 실버산업뿐만 아니라 각종 슬로 에이징 테크가 쏟아져 나오면서 금융기관의 고령층 금융서비스에 더해 신탁 비즈니스까지 팽창하고 있다. 학생이 없어 고민하는 대학들이 욜드족의 욕구를 고려하여 각종 고급 강좌들을 쏟아 내고 있기도 하다.

✸ 인간이란 세상 놀음의 한 톱니바퀴에 불과한지도

   기억나는 많은 일이 주마등처럼 뇌리에 스쳐 지나간다. 수십만 평 목장 안에는 수도가 없어 주택 허가가 안 나고, 주택이 없어 상수도를 설치할 수 없다는데도 불구하고 축산업을 지원해 달라고 수차례 시청에 민원 넣고 읍사무소에 읍소하여 마침내 상수도가 개통됐을 때 엄청나게 기뻐한 일이 떠오른다. 맨 먼저 설치했었던 컨테이너 농막 대신에 사무실 겸 숙소 동을 짓고 내 집처럼 좋아하던 일, 나중에 전원생활이 가능한 번듯한 숙소동 2채를 더 짓고 진짜 입주하던 날 기뻐한 일도 있었다. 목장 인근 도로 확장사업에 편입된 부지값 협의에서 미불용지를 포함하여 받아내던 일, 표고버섯 사업을 하라고 해서 참나무를 베고 운반하여 재배장에 세우며 막걸리 한잔하던 일, 배지 표고가 대세라는 소식에 표고버섯 연구센터에 교육받으러 가던 일, 버섯 생육을 위해서는 버섯 하우스를 지어야 하는데 어떻게 할지 몰라서 농업기술원 표준 설계도를 보고 주변 농가를 찾아다니며 배워서 직접 하우스를 지은 일도 새록새록 떠오른다. 마을에 저수조를 만들고 도로를 개설하여 농업용수 인입시킨 일, 배지 생산을 위해 농촌진흥청 버섯종균기능사 자격 따려고 주경야독하던 일, 배지 제작 및 판매

하려고 국립종자원에서 종자관리사 자격 딴 일, 방목하던 축우가 한겨울에도 새끼를 낳을 때가 안타까워서 축사 짓고 함께 기뻐하던 일, 혈통 축우 생산을 위하여 가축수정사시험을 치고 면허를 받은 일, 언제 나타날지 모르는 발정 현상 체크를 위해 축사에서 살다시피 하던 일, 방목하던 말이 나무를 갉아 먹어 산림 훼손으로 벌금 내던 일도 기억에 또렷하다. 처음 온 직원이 건초창고에 후진하여 엔진을 켠 채로 건초 상차 작업을 하다가 머플러 열기로 건초에 화재가 발생하여 애꿎은 건초 600단을 태워 먹은 일, 직원들이 술집에서 만취하여 사고를 내어 경찰서에 쫓아간 일, 한 직원이 친구 만나러 갔다가 음주운전으로 운전면허가 취소되어 퇴사한 일, 말을 교육시켜 승마를 해보겠다는 생각에 말 조련을 시키던 일, 목장 일에는 열의 없는 직원이 꾸지람을 받자 일요일 근무 수당과 직장 내 괴롭힘을 사유로 노동청에 고발한 일도 생각이 난다. 재배 정보를 얻는 지원을 받으려고 표고버섯생산자협회와 시청, 도청을 쫓아다니던 일, 목장 내 미등기토지 점유취득을 시도하다가 당사자가 특정되지 못해 포기한 일, 표고버섯 유기농인증을 받은 일, 생물권보전지역 상표 받은 일, 임산물 국가통합 브랜드 사용 인증을 받은 일, 지역 임업협동조합에서 공로상 받은 일, 임업부문 대한민국산림환경대상 받은 일…. 돌이켜 보면 기쁜 일 슬픈 일들이 정말 많았다.

잘될 때는 '맨땅에 헤딩해서 이루어 낸 일'이라고 좋아하기도 했고 잘 안 풀리고 결과가 좋지 않으면 '돈키호테처럼 신기루 같은 풍차에 덤빈다'고 책망받기도 했다. 어떻든, 땅 매각 때문에 인연을 맺었던 것도 어언 20년이 지났다. 초기 10년 동안에는 서울에서 근무하면서 일이 있을 때마다 한 번씩 왔다 갔다 했지만, 후기 10년 동안은 거의 현장에 살았고 거꾸로 한 달에 한 번 서울 월례 회의 참석차 금요일에 왔다가 집에 들르고는 월요일에 돌아오는 식이었다. 세 아이 상견례를 하고 결혼식 할 때도 그때 일요일에 날 잡아서 행사를 치르는 건 똑같았다. 예외가 없었다.

초기 열정이 있을 때는 문제가 없었으나 배지 사업 중단이 결정되고 나서부터는 열정이 식어버려 시골 생활이든, 전원 생활이든, 섬 생활이든 다 싫어졌다. 보통의 도시 사람들은 전원생활의 동경이 있으나 일회성 관광 방문이 아닌 주 거주지가 되면 문제가 다르다. 특히 도시에서 성장한 터라 시골 일이 몸에 밴 것도 아니어서 더욱더 그랬다. 취미도 직업이 되면 더 이상 밀월이 아니라고 하는 말처럼 소위 공기 좋은 곳에서 사는 것도 싫어졌다.

조천항 부근에 가면 燕北亭이라는 정자가 있는데 옛날 귀양 온 선비들이 모여 북쪽을 그리워하며 소주 한잔했다는 곳으로, 어느 선비는 세 가지가 그렇게도 싫었다는 것인데 뱀이 무섭고, 조밥이 싫고, 파도 소리가 두렵다고…. 나도 퇴직할 무렵에는 소주 한잔하면 자연스레 한 곡조 뽑고는 했다. 남진의 「가슴 아프게」(당신과 나 사이에 저 바다가 없었다면 쓰라린 이별만은 없었을 것을), 조미미의 「바다가 육지라면」(얼마나 멀고 먼지 그리운 서울은 파도가 길을 막아 가고파도 못 갑니다), 이미자의 「흑산도 아가씨」(남몰래 서러운 세월은 가고 물결은 천 번 만 번 밀려오는데…)가 주요 애창곡이었다.

버섯 사업, 축산업 같은 농업은 수익성이 낮으나 그 필요성으로 말미암아 정부나 지자체 조합 등에서 주는 보조금이 매우 중요하다. 그러나 주식회사의 형태로는 농업인에게 주는 보조금을 받을 수가 없는 데다가 「근로기준법」상 농업법인이 아닌 상업법인의 지점인지라 주 매출을 기준으로 주 52시간 노동 규정이 적용되는 사업장인바 무엇을 해보려고 해도 점점 더 인건비 문제가 대두하여 새 분야를 개척하기도 어려웠다. 그냥 그냥 하루하루가 버티기뿐이어서 도저히 성미에 맞지 않았다. 작지만 대표라는 책임자로서 조직을 경험하는 영광이 있었고 나름 기쁘고 보람된 일도 많았던 터였다. 사업 마무리를 잘했고 주변 관계인들과도 작별 인사를 성심성의껏 하고 떠났다. 처음 한동안 놀라워하던 주변 사람들도 불과 며칠 사이에 아무런 일 없다는 듯 일상으로 돌아가 버렸다. 본래부터 인간이란 하찮은 존재여서 세상 놀음의 한 톱니바퀴에 불과한

지도 정말 모를 일이었다.

✳ 이젠 농업을 영세업종으로만 여길 일이 아니다

 예전에는 숲속에서 저절로 나는 표고버섯을 자연 채취 했었다. 그러나 수요가 늘어나니까 참나무를 잘라다가 토막 내어 종균을 투입하고 숲속에 세워두고는, 하늘에서 내리는 비 맞고 자라서 나오는 소위 유기농 버섯을 채취하였다. 그런데 인구가 늘고 소득 증대로 인해 계속 수요가 증대하니까 요즈음에 와서는, 참나무의 잔가지까지도 버리지 않고 모두 가루를 만들고 비닐봉지에 넣은 다음 하우스 재배장에서 인공적으로 물 주어 키워내는 무농약 배지 재배가 대세가 되었다. 그래서 귀농 바람이 불던 때는 표고버섯 재배 교육을 받고 직접 농사에 나서는 사람들이 많았다. 1단계 종균 생산, 2단계 배지 생산, 3단계 배지 배양, 4단계 배지 재배라는 수직 구분이 있으나 대부분 농가는 4단계에 머물고 일부 선도 농가는 2단계까지 치고 올라가 생산량도 크게 늘어났다. 생표고, 건표고뿐만 아니라 가공품(분말, 슬라이스), 재배 키트, 차(버섯가루 곡류 혼합) 등을 생산하여 공동으로 라이브커머스 등을 통한 적극적인 판촉까지 구사하고 있고 체험 등을 통한 6차 산업으로까지 도약을 꿈꾸고 있다. 그러나 스마트팜 등 시설투자비, 일용공 인건비, 숙련 노동자 부족, 참나무 등 원료 부족과 물류·상품 운반비 부담, 전기요금 등 운영비 상승, 생산기술 부족, 상품판로 한계, 판가 정체, 농가 경쟁 치열, 판촉비 부담, 중국산 수입물량 과다, 정부 지원 미흡, 이상기후… 등등 어려움이 한두 가지가 아니어서 최근에 와서는 표고버섯 붐은 한풀 꺾인 듯하다. 그야말로 레드오션이 된 것이다.

  그럼에도 불구하고 부부간의 사업으로 시작하여 피땀 흘린 노력을 통하여 대농으로 키워낸 성공적인 농가도 적지 않다. 영농법인으로 형태를 바꾸어 더 커진 농가도 많으나 농업회사법인 같은 기업농은 흔치 않다. 우리나라 농업정책이 '농업은 농민에게'라는 것이어서 기업도 투자는 할 수 있으나 농업경영체 등록이 원천적으로 안 되다 보니까 정부 지자체 지원이 없어서 당최 경쟁력을 가질 수가 없다. 그래서 영세업종 수준에만 머무르다 보니 외국으로의 수출 시장에서도 이길 수 있는 효율성을 제대로 만들 수가 없어서 그냥 그냥 바라볼 수밖에 없게 되었다. 네덜란드 같은 나라는 국토도 적고 그나마도 대부분 농지가 해수면보다 낮아서 여건이 좋지 않은데도 불구하고, 정부와 기업의 대대적인 투자를 통해서 효율성을 갖춘 일등 농업 국가가 된 사례도 있다. 첨단 공업제품 수출국으로서 비교우위에 따른 무역을 하는 나라인 우리나라도 이제는 농업을 마냥 영세업종으로만 두고 볼 일은 아니다. 단적인 일례로 우리는 하우스 내에서 스프링클러로 살수하는 물의 95%가 그냥 버려지는 반면, 네덜란드는 살수하는 물의 95%를 회수하여 다시 쓸 수 있도록 시설투자를 하고 있으니 그 경쟁력의 차이는 명약관화하다.

근골격계가 아파 온다. 쏟아지는 뙤약볕에 시간을 말려야 하는 직업이라서…. 농사는 정말 힘들다. 노인네들이라고 욕하지 마라. 그분들이 없으면 누가 하랴. 외국인 노동자가 대신 해 줄 것 같은가. 글쎄올시다.

✳ 역사의 수레바퀴가 돌고 도는 듯하여

제주 하고도 깡촌에서, 3형제 중 둘째로 태어난 그는, 고등학교 마치고 뜻한 바 있어서 해병대에 지원해서 갔다. 그런데 제대하고도 뜻이 있어 고향에 내려오지 않고 뭔가 할 일 없을까, 객지를 떠돌다가 나이 50이 되도록 장가를 못 갔다. 어떤 꼬임에 넘어갔는지 여자 품이 그리워서 그랬는지, 결혼 중개 브로커에게 돈을 주고 캄보디아까지 가서 20대 색시를 맞았다. 주변에서 염치없다는 소리를 들을 정도로 부러움을 샀다. 그러나 그것도 잠시였을 뿐 여자는 가출해 버리고 5년씩이나 소식이 없어서 마침내 법원에서 강제 이혼 판결이 났다. 이번에는 30대 네팔 여자를 또 브로커 소개로 그 비용을 주고 만났다. 그 여자는 수년 전에 이미 다른 한국 남자와 결혼하고 한국에 왔다가 이혼하고서 혼자 사는 여성인데, 이미 한국어에도 능통하고 귀화하여 주민등록증을 가진 소위 법적으로는 한국인이었다.

송 씨 본인도 택배 일을 하면서 형편이 좋지 않은데, 네팔 여성, 아니 네팔 출신 한국인 이혼녀에게 전세방 얻어 주고 생활비 대주면서 관계를 유지했다. 한마디로 혼자 사는 홀아비가 과부 그리워하는 것인데, 그렇다고 해도 그동안 잠자리 한 번 한 적이 없었고, 향후 정식으로 결혼하여 가정을 갖고 싶어서 공을 들이는 중이라고 했다. 그런데 네팔 고향 집수리비로, 네팔에 있는 본인 전남편 아이 학비, 장인·장모 될 사람 한국 관광비에다가 여자 본인의 네팔 다녀오는 항공료까지 송 씨가 부담했단다. 송 씨의 수입에 비해서는 그 여자에게 드는 비용이 너무나도 많은 상태여서, 본인이 살던 집 전세금도 빼주고, 하는 수 없이 기숙사가 있는 회사 시골 농장에 취직하였다. 많은 급여는 아니라도, 휴지 한 장 안 샀으니 추가 생활비가 들지 않아서 꽤 저축할 수 있었는데도 불구하고 그 여자한테 갔다 오면 항상 빈털터리였다. 송 씨는 주말에 꽤 차려입고 승용차 타고 설레는 마음으로 외출하곤 하였는데, 여자 만나서 점심 같이 먹고 일주일 치 시장을 봐주고 나서 돌아오는 것, 그뿐이라고 했다.

이번에는 그의 승용차가 고물이어서 폐차했는데 저축이 없으니 현금으로 차를 살 형편이 못 되는 그가 캐피털 할부로 꽤 고급인 중고차를 매입했다. 그 이유가 그 여자 앞에서 폼 잡으려는 것이라니, 수컷의 허풍 바로 그것이었다. 그 여자는 이 남자 친구 고향에 상속 토지가 있다는 것을 알고서는 팔아서 물가가 싼 네팔에 가서 함께 살자고 꼬드기고 있는 모양인데, 그 친구의 모친은 "내 눈에 흙이 들어가기 전에는 절대 안 된다."라며 말리고 있었고, 그의 형제들도 하도 질려서 "돈 문제만큼은 각자 해결하자." 하고 선을 긋자고 한다니까 우리도 제3자로서 더 이상 할 말이 없었다.

연체가 발생하고 캐피털 독촉 감당이 안 되니까 잘 있던 회사를 퇴직하고 퇴직금으로 연체금을 막았다. 그러고는 고향으로 가서 형이 관리하고 있던, 자기 몫으로 상속된 감귤밭을 그 여자와 같이 가꾸러 내려간다나 어쩐다나…. 그가 퇴직하고서는 소식이 없어서 더 이상 알 길이 없고 안타까울 뿐이다.

 사실 연애를 통해 장가들기가 쉽지 않은 농촌 노총각은, 차선책으로 지참금 조로 금품을 주고 동남아 등 후진국 여인을 데려오는 경우가 많다. 언어나 문화적 차이가 크고, 노총각 본인의 여인을 대하는 감수성과 가정을 꾸리는 능력 부족 등으로 인해서, 순수한 사랑이 싹트기는 현실적으로 매우 어렵게 되어 있다. 그 외국 여인들 입장에서도 할 말은 많을 것이다. 우리 사회에서 낯선 이국 여성은 정착이 어려운 상황이어서 다문화가정은 아직도 많은 사회문제를 만들고 있음에도 향후 다문화가정 출신의 한국인들이 더 늘어날 것은 분명하다. 한국 여자가 베트남 남자와 국제결혼이 가장 많다는 통계가 있는데 사실상 그 한국 여자는 한국 국적을 취득한 베트남 여자들이다. 고향 땅에서 살기 어려워 코리안 드림을 안고 돈을 벌려고, 국제결혼 형태로 한국에 진입한 뒤 이혼하고 불법 체류하다가 한국어를 배우고 귀화하여 한국살이를 하는 여성들이 늘고 있다. 한국 여자들도 한국전쟁 이후 일본이나 미국 같은 곳에 가서 비슷한 방식으로 눌러앉은 경우가 꽤 많았었다. 역사의 수레바퀴가 돌고 도는 듯하여 쓸쓸하다.

 인생살이가 녹록지 않고 모질기만 해서 부부의 정마저도 세상살이에 꼬일 대로 꼬여서 어떻게 풀어내야 할지? 이 문제에

속 시원한 정답을 줄 **賢者**는 어디에 계십니까?

- 빈여백 동인지 『봄의 몸짓』 25년 20호

✵ 여행은 삶과 같이 계획대로 되지 않고…

 황석영의 소설 『바리데기』에서 나오는 소녀의 기막힌 사연은 나라 없는 슬픔을 여지없이 잘 보여준다. 헝가리 작가 아고타 크리스토프가 쓴 『존재의 세 가지 거짓말』에 나오는 클라우스나 루카스의 삶도 비슷하다. 원래는 자기 나라였는데 나라를 뺏기고 나니까 체류 기간이 경과하면 불법체류자가 될 처지였던 것이다. 또 노벨 문학상 수상자인 압둘라자크 구르나가 쓴 『바닷가에서』에서 나오는 아프리카 흑인 샤반 씨와 같은 난민의 신세가 생각난다. 그를 심문한 영국 출입국 직원 왈, "당신들은 이곳에 속하지도 않고 당신들은 우리가 가치 있게 여기는 것을 가치 있게 느끼지도 않고 그 가치에 대한 대가도 치르지 않았으며, 그리고 우리는 당신들이 여기 있길 원치 않습니다."라고 하였다. 그러나 그는 "유럽적 가치를 위해서 우리가 대가를 치른 지 오래되었는데 그 긴 시간 동안 대가를 치르고 치렀음에도 아직 그 대가(마땅한 대우)를 받지 못하였다. 우리는 오로지 안전하고 더 나은 삶을 살고 싶은 것뿐이다."라고 속으로만 외쳤다. MAGA(Make America Great Again)정책을 쓰겠다는 트럼프는 아버지가 미국 시민권자나 영주권자가 아닌, 불법체류 여성이나 관광 등으로 미국에 온 외국 여성이 낳은 아이는 더 이상 미국인으로 간주하지 않겠다고 하였고, 불법 이민자들은 붙잡아서 강제로 추방하는 상황이다.

나는 A사에서 미국 지역전문가로 활동한 적이 있다. 한국에서 미국 출장 올 때는 I-94 체류 기간 허가가 보통 6개월이었으므로, 지역전문가과정에서도 그냥 들어왔고 6개월이 다 되어 갈 무렵 캐나다 Niagara falls에 놀러 갔다가 다시 미국 땅으로 들어오면서 체류 기간을 또 6개월 늘릴 요량이었는데, 토론토 미국 출입국 사무소에서 더는 입국이 안 된다는 것이었다. 소위 불법체류자로 의심받았던 것인데 미국 법인의 보증으로 겨우 들어왔었다. 또 한 번은 멕시코 국경의 Rio Grande 구경을 갔다가 돌아오는 길에, 국경 검문에서 미국 순찰대원이 여권을 소지하지 않았다는 이유로 태클을 걸어 실랑이를 벌이다가 Austin 홈스테이 집 아주머니의 보증으로 해결된 적도 있었다.

한번은 내가 푸른 체육복 차림으로 Austin 동네에서 조깅을 했다. 이곳저곳을 한참 뛰어다니다가 느낌이 이상하여 뒤돌아보니까 경찰차가 살금살금 뒤따라오고 있었다. 그래도 모른 체하고 계속 뛰다가 내가 머무르는 집으로 그냥 들어왔다. 창문 커튼 사이로 보고 있자니까, 한참을 더 서서 있더니 순찰차는 그냥 갔지만, 기분이 영 좋지 않았다. 'Watch out!' 팻말이 붙어 있는 동네라 그런지, 그 동네 누군가가 신고를 한 모양인데…. 역시 미국은 나의 조국 한국이 아니었다. 영원히 살아도 문제없는 내 나라 대한민국이 좋다. 한때 세상의 모든 곳을 여행해 보고 싶다고 설익은 생각도 했었으나 여행은 삶과 같이 계획대로 되지 않고 삶은 여행처럼 생각지 못한 일이 곧잘 일어나는 법이었다.

✳ 한줄 한줄 다시 읽고 그날을 얘기한다면 너무 길어질까

40년 직장 생활 애환 중에 나에게는 하나하나 사연이 있고 내게 사무쳤던 명언들이 많이 있었다. 한줄 한줄 다시 읽고 그 날을 얘기한다면 너무 길어질까 오히려 걱정된다. 그래도 어쩌다 한 번씩 재음미해 보면 그때 일이 새록새록 살아나기도 한다.

결과가 말한다(Performance talks).
강자가 이기는 것이 아니라 살아남는 자가 이기는 것이다.
부하를 신뢰하되 무조건 믿지는 마라.
회사는 성장이 아닌 생존이 최우선이다.
똥 묻은 돈, 코 묻은 돈 가리지 마라.
세상에 공짜는 없으며 공짜는 쥐약뿐이다.
잘 물려받고 잘 키워서 잘 물려준다.
최후의 승자가 승자다.
비 오면 비 맞고 눈 오면 눈 맞는 것이지 지레 겁먹지 마라.
세상에 안 되는 것은 없다. 단지 시간이 걸리고 비용이 더 들 뿐이다.
고양이 목에 방울을 다는 쥐는 없다.
소나기는 피하라.
면종복배
안 그치는 비는 없다.
너무 웃자라 나면 안 된다.
강 건너에 있는 금잔디 좋아 말라.
눈이 오는 중인데도 눈 쓸어야 하는 때가 있다.

고수는 이기기 어렵다.

오야지 프리미엄 이어받아야 쉽다.

꿩 잡는 게 매.

열 길 물속은 알아도 한 길 사람의 속은 모른다.

어린아이 탓하지 말라. 내가 지나온 길이다.

노인네 탓하지 말라. 내가 갈 길이다.

반드시 가야 할 길이면 힘들어도 가야 한다.

지시가 있으면 앞이 안 보여도 그냥 계속 해야 한다.

회사일 하면서 개인에게 정 주지 마라.

남의 잘 됨을 축복하라.

결론부터 말하라.

기도하고 행동하라.

장사꾼이 되지 마라. 경영자가 되면 보이는 것이 다르다.

사장의 디테일은 회사 규모에 반비례한다.

사장은 필요한 순간 필요한 곳에 필요한 열정을 쏟아야 한다.

세상에 우연은 없다. 한번 맺은 인연을 소중히 하라.

있을 때는 겸손하라. 그러나 없을 때는 당당하라.

돈의 노예로 살지 마라. 돈의 주인으로 기쁘게 살아가라.

말이 씨앗이다. 좋은 종자를 골라 심어라.

절반은 천부적인 역량이고 절반은 만들어지는 것이다.

효도하고 효도하라. 그래야 하늘과 조상이 협조한다.

찬밥, 더운밥 가리지 마라. 찬밥도 뱃속에 들어가면 더운밥 된다.

양복을 깨끗하게 차려입고도 개똥밭에 스무 번 구를 각오가 있어야 한다.

묵계(默契)가 가장 무섭다.

운칠기삼

말을 많이 하지 말고 남의 말을 경청하라.

사람에 충성하지 않는다.

싸우면 내 코피도 날 각오 해야 한다.

소득이 일정 수준에 오르면 소득 증가는 행복에 큰 영향을 미치지 않는다.

한계 소비성향 체감의 법칙

노후에는 고독을 즐겨라.

자녀 재테크는 그냥 지켜보기만 하라.

조언은 하되 결정은 스스로 하게 하라.

포탄이 쏟아질 때는 중대장 지시대로.

공즉수비(攻卽守備) - 공격이 곧 수비다.

산딸기의 교훈 - 많은 사람이 몰려가는 곳은 먹을 것이 없다.

우연히 이길 수는 있어도 결국은 실력대로 된다.

자존심의 꽃이 떨어져야 영업맨 인격의 열매가 맺힌다.

'안 되면 되게 하라'가 아니고 '될 수 있는 것을 잘하라'.

한 명이 천 명을 먹여 살리는 시대

피할 수 없으면 즐겨라.

바다는 비에 젖지 않는다.

나무는 꽃을 버려야 열매를 맺고 강물은 강을 버려야 바다에 이른다.

인기는 한순간이고 인내만이 롱런 비결이다.

이 가난을 벗지 않으면 하느님께 나아갈 수 없다.

온 우주는 나를 위해 존재하는 것이다.

세상은 변하고 있었다. 그리고 계속 변한다.

좋은 결과를 내는 것도 중요하지만 갈등 과정에서의 절차적 타당성이 더 중요하다.

그대가 헛되이 보낸 오늘은 어제 죽어간 이가 그토록 살고 싶어 하던 내일이다.

약자를 배려하라.

죽음보다 허기가 문제였다.

울고 싶은 사람은 울어야 하는 법

여자가 울 때는 말리지 마라.

울고 싶은데 귀싸대기 때려 주지 마라.

하루에 열 번 이상 하늘을 보라.

✳ 생존이든 고상한 뜻이든 진흙 속에서 노닐지 않으면

춘추전국시대는 고만고만한 군웅이 할거하는 때인지라 전쟁이 끊일 때가 없었다. 공자는 예(禮)로써 이 문제를 해결하려 하였으나, 손자는 분열과 통합의 원리를 설명하면서 용서는 없고 승자만이 살아남으며 평화 갈망은 관념인 것이고 끝없이 싸워 이길 수밖에 없다고 하였다. 지피지기(知彼知己)가 중요하니까 먼저 치밀하게 상대와 나를 탐색하여 비교하고 외교 전략으로 적을 사전에 무력화시켜야 할 것이나 안 되면 반드시 효율적인 전쟁을 하여야 한다고 하였다. 그러나 전쟁의 본질은 복수의 악순환이므로 싸우지 않고 이기는 부전승(不戰勝)이 최선이라고 하였다. 전쟁은 삶과 죽음이 교차하고 국가 존망이 기로에 놓이게 되므로 신중하여야 하고, 분노는 변화가 가능하나 한번 죽은 자는 다시 살아날 수가 없으며 살육을 통하여 완승은 거둘 수 없다고 하였다. 이기더라도 적의 국가를 가능한 한 보전하여 취하는 것이 최선이라고 하였다. 그리고 강자를 피할 줄 아는 현실적 사고를 갖고 우선 피하면서 힘을 키우고 나서 결국 꺾는 것이 중요하다고 하면서 '손자천독달통신(孫子千讀達通神)'을 강조한바 『손자병법』을 음미해 보면 직장 처세술에 대해서도 답이 나올 듯하다.

瞞天過海 하늘을 가리고 바다를 건넌다, 의심 없애기
圍圍救趙 위나라를 포위하여 조나라를 구함, 적의 허 찌르기
車刀殺人 남의 칼을 빌려 상대를 죽인다, 스스로 나서지 않는다
以佚待勞 자신은 쉬다가 지친 적과 싸운다, 적 힘 빼기
趁火打劫 불난 집에 들어가서 도둑질, 적의 위기 활용

聲東擊西 동에서 소리치고 서를 공격한다, 유인 후에 허술한 곳 공격

無中生有 무에서 유를 만들어 낸다, 적의 착각 유도

暗渡陳倉 어둠을 뚫고 진창으로 건너간다, 우회 공격

隔岸觀火 강 건너 불 보듯, 적의 분열을 기다림

笑里藏刀 웃음 뒤에 칼을 감춘다, 상대 방심 유도

李代桃僵 복숭아를 대신하여 오얏나무가 쓰러진다, 작은 손실로 큰 승리 도모

順手牽羊 기회를 틈타 양을 끌고 간다, 작은 이익이라도 챙김

打草驚蛇 풀을 헤쳐 뱀을 놀라게 한다, 의심나는 곳 정찰

借屍還魂 죽은 영혼이 다른 시체를 빌려 부활, 버려진 것 활용

調虎離山 호랑이를 움직여 산을 떠나도록 함, 적이 스스로 물러가게 하는 계책

欲擒姑縱 잡기 위해 오히려 풀어준다, 적 추격 시 궁지에 몰지 않는다

拋磚引玉 벽돌을 던지고 구슬을 얻는다, 미끼로 적을 유혹

擒賊擒王 적을 잡으려면 우두머리부터 잡는다, 효율성

釜底抽薪 가마솥 밑에 장작을 꺼낸다, 적의 강점을 약한 것부터 깬다

混水摸漁 물을 흐려 고기를 잡는다, 적의 내부에 혼란을 일으킨다

金蟬脫殼 금빛매미가 허물을 벗는다, 감쪽같이 진지의 원형 보존하고 이동

關門捉賊 문을 잠그고 도적을 잡는다, 포위 섬멸

遠交近功 먼 나라와 사귀고 이웃나라 공격, 세력 확대 외교 원리

假道伐虢 길을 빌리고 난 후 괵나라를 친다, 돌아오는 길에 공격

偸梁換柱 대들보를 훔치고 기둥을 바꾼다, 바꿔서 적을 속인다

指桑罵槐 뽕나무를 가리키며 홰나무를 욕한다, 우회적 수단

假痴不癲 어리석은 척하되 미치지는 않음, 속임수

上屋抽梯 적이 지붕에 올라가면 사다리를 치운다, 적 유인

樹上開花 나무에 꽃이 피도록 한다, 허세로 적을 혼란에 빠뜨림

反客爲主 손님이 오히려 주인 노릇, 약자가 때를 노린다

美人計 미녀를 이용한다, 손해 없는 계책

空城計 성을 비운다, 일부러 방비를 허술히

反間計 적의 첩자를 역이용, 적의 책략을 역이용

苦肉計 스스로를 희생시킨다, 스스로를 활용해서 적을 속임

連還計 여러 계책을 연결시킨다, 적끼리 묶어 둔화시킴

走爲上 달아나는 것이 상책, 위기를 벗어난다

어느 토요일 오후 건물의 옥상에 화재가 발생했는데, K는 집안일로 지방에 가다가 소식을 듣고서는 담당이 아님에도 차를 돌려 늦게나마 회사로 왔다. 2세도 막 달려왔는지 화가 나서 막 말을 하고 있었다. 저녁때쯤 소방서 특별조사팀이 들이닥쳤는데, 대표가 나오라는 그들의 요구에 M 그는 갑자기 K보고 가보라고 하였다. 황당, 황당…. 그때까지만 해도 타 업무만 했고 시설에는 문외한이었던 K에게 무슨 특별한 신뢰가 있었던 것 같지도 않은데 어찌하여 K에게…. 황당하기는 해도 대여섯 명쯤 되어 보이는 조사팀을 맞았다. 낮에 화재 때문에 대표가 편찮아서 K가 대신 왔다고 둘러대었지만, 어디서

부터 어떻게 풀어나가야 할지 막막했다. "손님이 왔으니 음료수 가져오라."라고 한 말 외에는 할 수 있는 말이 없었다. 그들은 화재 진압 시 옥내소화전이 가동되지 않아 소방관들이 호스를 22층 옥상까지 등에 지고 올렸다고 하면서, 건물 내 시설이 「소방법」 위반이면 사업주를 고발하겠다고 하는 대목에서는 앞이 깜깜했다. 그때 난데없이 듣지도 보지도 못했던 화재 컨설팅업체 사장이라는 사람이 벌컥 들어왔는데 K에게는 하늘에서 보내준 구세주였다.

옥내관은 며칠 전 자체 작업 중 잠겨 있었던 것으로, 휴먼 에러일 뿐임을 밝혀냈고 밤이 깊어져 옥외관 검사는 내일 하기로 하였다. 기관 직원은 관이 오래되어 부식이 심하니 터질 염려가 있다고 하면서 K에게 걱정을 가중시켰다. M에게 말했더니 "잘 판단해서 하라."라고만 하였다. 다음 날 전 층에 직원을 배치하고 만약 심각한 상황이 발생하면 중단시킬 요량으로 핸드폰을 꼭 쥐고 있었다. 소방차의 수압을 조금씩 자꾸 높여 옥상에서 녹슨 물이 퍽 나올 때까지 사실 내심으로 떨고 있었다. 다행히 약간의 누수만 있는 상태에서, 관 속에서 40년 녹슨 것들을 훑어내어 나오는 붉은 물은 환희 그 자체였고, 또 빌딩의 생명력을 확인해 주는 바로 그 무엇이었다. 위기 상황에서 전면에 나서지 않는 것은 군자가 할 일이 아닐 것이나 훗날 M 그는 이렇게 말했다. "방바닥이 약간 기울어져 있어서, 육안으로는 도저히 그 상태를 제대로 알 수가 없으니, 물을 한 바가지 부어 놓으면 물이 낮은 곳으로 모이게 되는데, 그때 가서 그곳을 땜질하면 된다."라고…. 그러나 평상시 일도 아니고 화재가 났고 특별조사를 나온 것을 감안하면 태연히 그럴 수가 있나 싶었다. 리더는 자신이 행하지 못할 것을 부하에게 요구하면 안 된다고 배워왔다. 그러나 다른 측면에서 보면 위기 상황에서 얼렁뚱땅 한 걸음 잘못 나서서 한 번에 절단이 나 버리는 것보다는 후일을 도모하는 것이 M 그에게는 결국 더 나은 선택이었다. 『초한지』에도, 『손자병법』에도 나오는 내용이기는 하다.

 이종훈 박사가 쓴 『사내정치의 기술』이라는 책이 있다. 팀도 살고 나도 사는 좋은 사내정치의 기술을 배워보자는 취지의 책이다. 추천사를 썼던 사람은 자신이 몸담았던 회사는 사내정치가 극에 달한 상황이었는데 그때 이 책을 읽었더라면 절이 싫어 중이 떠나는 식으로 직장 생활을 마무리하지는 않았을 것이라는 말을 했는데 가슴에 와닿는다. 또 대부분 직장 내에서는 오늘도 권력투쟁이 암암리에 이루어지고 있으나 모두들 입으로는 '정치'를 부정한다. 그러나 사실상 사내정치에 대한 거부감이 우리를 사내정치의 무능력자로 만들고 있는 것이다. 대부분 참여하라고 강요하지 않지만, 사다리 게임처럼 누구도 거부할 수 없는 것이 현실이다. 그렇다면 어떻게 해야 할까….

 미국처럼 민주주의가 일상화된 나라에서도 회사 민주주의만큼은 예외다. 그러니 하물며 우리나라와 같이 권위적인 문화가 뿌리 깊은 곳에서는 두말할 필요도 없다. 회사에서는 민주주의가 아니니 누구를 주목해야 하는지 어떤 라인에 발을 들여야 하는지 금방 답이 나온다. 한국에서는 직장에서 사내정치의 중요성이 더 클 수밖에 없다. 기업의 오너가 엄존하고 그는 직장 생활에서의 모든 것을 좌우한다. 연꽃은 진흙에서 피듯이 이 세상에서는 생존이든 고상한 뜻이든 진흙 속에서 노닐지 않으면 이룰 수가 없다. 또 사람은 위기에 처하면 그동안 숨겨 두었던 악마의 본성을 드러내기 마련이라서 죽을 때까지 지킨다던 비밀은 사내에 퍼지기 마련이고 주변에 털어놓았던 사적인 고민조차 부메랑이 되어 돌아온다. 그리고 경쟁이 극심하다 보니 주변에서 험담, 중상모략과 같은 네거티브 공격이 들어오면 기정사실처럼 되어 버릴까 봐 적극적으로 해명하려고 하고, 가만히 있으면 바보가 되니 누구든 나서게 된다. 그리하여 조직이 이전투구의 난장판으로 되는 것이다.

 사내정치는 다양한 양상으로 나타나지만, 으뜸은 줄서기다. 줄서기가 성행하는 이유는 누군가 줄을 세우기 때문인데, 당사자는 심각한 갈등에 빠지기도 한다. 회사는 하나의 생명체이고 수많은 세포로 이루어진 생명체 같아서 생존이 제1 목적이다. 회사는 목적 달성을 위해 세포, 즉 조직구성원을 효율적으로 조직하려고 한다. 이때 이 조직구성에 보탬이 되는 정치가 좋은 정치다. 그러나 아부, 실적 가로채기, 줄서기 같은 나쁜 사내정치도 엄연히 살아 있다. 문제는 사내정치가 없는 곳은 결단코 없으니 나쁜 사내정치로부터 자신을 보호하고 좋은 사내정치 역량을 강화하는 방식으로 정치력을 길러야 하는 숙제뿐이다.

실적 가로채기는 생존과 직결된 문제이므로 민감한 사안이다. 특히 당하는 입장에서는 단순한 원망에 그치지 않고 원한을 품기도 한다. 그리고 오심도 경기의 일부라고 하는 말처럼 직장 생활에서 공적을 가로채는 상황은 다반사다. 그렇지만 이를 상하관계로만 보지 말고 회사 차원에서 보면 이해가 되기도 한다. 회사는 개개인의 역량도 중요하지만 이를 묶어서 조직의 역량으로 보므로, 당연히 그 조직의 리더에게 공을 돌린다. 그렇게 되면 당연히 라인이 형성되고 상사의 도움도 받게 된다. 대범하게 보아야 한다.

보통 사람들은 이익에 따라 이합집산을 한다지만 이익이라는 문제를 장기적으로 보면 단순하지가 않다. 단기적으로는 눈에 잘 띄는 이익을 택하기 마련인데 소탐대실하지는 말라는 것이다. 도덕성은 당장은 이익이 안 되는 것 같지만 장기적인 관점에서는 조직 전체의 명운이 걸린 중차대한 문제로 발전한다. 결국 회사는 생존에 적합한 방향으로 흐르기 때문이다. 회사는 이윤을 추구하고 직장인은 그 목적을 위하여 고용되었다. 회사는 그들이 효율적으로 일하고 좋은 실적을 내기를 바란다. 좋은 사내정치 기술을 익히면 스트레스로부터 벗어날 수 있고 일에 몰입할 수 있게 된다.

III.
행복과 만족

두 할머니는 같이 손잡고 밭두렁에 나갔다

✳ 평균 3%의 염도가 바닷물을 썩지 않게 만든다

우리나라에서 세례받은 가톨릭 신자는 500만 명 정도로서 국민 전체의 10% 정도 된다. 그런데 주일미사에 제대로 나오는 독실한 신자는 30%에 그쳐서 150만 명 정도에 불과하고 이는 전 국민의 3% 정도다. 아주 작아 보이지만 그렇지도 않다. 바닷물 염도는 평균 3% 정도에 불과하다는데 짠 바닷물이라 불리고 그 3% 소금이 바다를 썩지도 않게 만든다. 그래서 가톨릭의 신자들만이라도 하느님 자녀답게 제대로 된 신자가 되어야 하고, 우리 가족들만이라도 제대로 하느님 말씀을 실천하며 살아야 한다고 가르치고 있다.

순교하는 것은 어렵다. 그러나 평생 신앙을 갖고 사는 것은 더욱 어렵다. 성자께서는 제자들에게 자기 십자가를 지고 날 따르라 하시면서 3년간이나 교육을 했는데도 잘 안되었다. 신앙도 다른 것과 마찬가지로 반복적으로 훈련해야만 되는데 그것이 잘 안되니까 하는 수 없이, 마지막 순간인 최후의 만찬 때는 항상 같이 갈 하나의 계약, 즉 미사를 하고 영성체를 하였는데, 우리는 미사 속에서 영성체를 통해서 하느님을 만날 수 있다. 그리고 우리는 성당에서 미사를 통해 충전을 받아서 사회 속으로 파견되면 그 사랑을 증거하는 착한 행동을 하여야 한다. 그러면 구체적으로 어떻게 착한 행동을 보일까 하는 의문이 생기지만 한마디로 하느님의 자녀답게 살면 된다.

✹ 먼저 사랑하기 때문에 사랑을 받게 되는…

사랑은 기술인가? 기술이라면 사랑을 배우기 위해서는 노력이 요구되는 것인데, 그런데도 사랑을 하기 위해서는 사랑의 기술에 대해서 배워야 한다고 생각하는 사람은 많지 않다. 왜냐하면, 첫째, 사랑을 '사랑할 줄 아는 능력의 문제'가 아니라 '사랑받는 문제'로만 생각하기 때문이다. 사랑받기 위해서 보통 남자는 권력을 갖고 돈을 버는, 소위 성공을 하려고 하고 여자는 몸 가꾸고 치장을 열심히 한다. 남녀 공통 사항으로 살펴보아도 태도, 대화술, 유능, 겸손, 처신 등을 중요하게 생각할 뿐이다.

둘째, 사랑을 능력의 문제라기보다 '대상'의 문제로 보는 점 때문이다. 예전의 '중매' 시대에는 사랑하는 것은 쉽고 단지 사랑할 대상을 발견하기 어려울 뿐으로 생각했다는 것이 그 증거다.

셋째, 더구나 오늘날에는 사랑하고 있는 상태를 혼동하고 있다. 동떨어진 곳에서 남남으로 지내던 사람이 갑자기 벽을 허물고 밀접하게 다가올 때 일체로 느끼게 된다. 이러한 사랑의 합일 순간은 거의 기적적이다. 그러나 이러한 경험은 오래 지속될 수가 없고 권태기를 맞을 수도 있는데, 이러한 사실을 볼 때 사랑하는 것보다 쉬운 것은 없다는 태도는 전혀 맞지 않다. 그래서 사랑도 배워야 하는 기술이라는 것을 깨닫고 이론을 습득하고 훈련해야 하며 기술 숙달을 해야 한다는 것이다. 사랑의 기술을 배워야 한다는 것을 깨치는 것이 가장 중요하다. 이론의 습득 훈련 숙달에 관해서는 많은 책자가 있다.

심리학적으로 볼 때 언제든 어떤 상황이든 상대가 누구든 사로잡을 기회는 충분하다고 한다. 단 제대로 된 방법을 알아야 한단다. 심리학적으로 검증된 데이트 코치라고 하는데…. 그 사람을 만날 빈도를 증가시킬 수 있도록 접근성이 좋아야 하고, 외적 아름다움이 있으면 후광효과가 있어서 좋다. 부부이기에 닮는 것이 아니고 사실 처음부터 유사성이 있는 사람끼리 만나게 되며, 자기를 먼저 공개하면 비밀을 공유했다는 느낌 때문에 정서적 유대감이 형성된다. 사람의 마음에는 상호 간에 받은 만큼 주어야 한다는 암묵적 규칙이 존재하며, 상대를 만났을 때 심장박동이 증가하는 신체적 각성이 있으면 관심은 더욱 고조된다고 한다.

부부관계도 성장해야만 노후에도 배우자의 든든한 지원을 받으면서 자아실현을 위한 자기 목표에 더 잘, 더 빨리 도달할 수가 있고, 부부가 힘을 합쳐 함께 갈 수도 있는 것이니, 부부 관계에 있어서는 타협이 필수이다. 어쩌다가 부부 싸움을 할 때도 반드시 지켜야 할 것들이 있다. 전쟁이 아니라는 사실을 명심하고 서둘러 끝내려 하지 말고, 여유를 가져야 한다. 상대방의 말을 들어 주는 과정에서 분노 수치가 낮아지기도 하니까 경청을 해야 한다. 대부분 경우 해결해야 할 문제가 있다기보다는 감정이 상했기 때문이므로 자신의 마음을 전달할 수 있는 그런 말을 하는 게 좋다. 현실적인 문제일 경우 일방적인 양보보다는 적절한 양보를 통하여 타협해야 한다. 그래야 앙금이 남지 않는다.

어머니의 사랑은 무조건적이고 아버지의 사랑은 조건적이라고 한다. 여섯 살 이전에는 정신적으로나 육체적으로 어머니의 무조건적 사랑과 보호가 필요하다. 또한 아이의 어떠한 악행도 아이의 삶이나 행복에 대한 어머니의 소망을 뺏지 못한다.

여섯 살 이후에는 아버지의 권위와 지도가 필요한 시기가 도래하여 사회에 필요한 기능을 갖도록 교육하게 된다. 이때 아이가 아버지의 기대를 충족시켜 주었기 때문에 또 아이가 커서 그의 의무를 다하고 있기 때문에 그리고 아버지를 닮았기 때문에 사랑받게 된다는 것이어서 조건적이라고 보는 것이다. 아이들이 볼 때는 기대한 바를 달성하지 못하면 아버지의 사랑을 잃을 수도 있고, 아버지의 사랑을 얻기 위해서는 무슨 일을 이루도록 노력할 수도 있게 된다. 즉 어린아이들의 사랑은 어머니의 무한한 사랑을 먼저 받기 때문에 어머니를 사랑하는 것이고, 어른이 다 되어서의 성숙한 사랑은 본인이 먼저 상대방을 사랑하기 때문에 상대방의 사랑을 받게 되는 관계로 바뀌는 것이다. 그래서 사랑하는 기술을 습득할 필요가 있다고 하는 것이다.

✳ 행복이 필요 없다고 느끼는 사람이 가장 행복

　누구에게나 주어지는 행복이나 불행에는 '총량 불변의 법칙'이 있다고 생각될 수 있다. 그러나 누구에게나 주어진 행복이나 불행이라는 것도 그 무게가 똑같지는 않다. 어떤 물질이 가진 무게는 물 안에서, 땅 위에서, 하늘에서, 또는 지구 밖에서 달라진다. 마찬가지로 장소에 따라, 사람이 처한 상황에 따라 그리고 내가 마음먹기에 따라, 또 내가 가진 인생 목표에 따라 행복이나 불행의 무게는 달라진다. 주어진 행복도 나를 비켜 갈 리도 없을 터이며 반드시 나에게 달려올 것이라 굳게 믿어야 하고, 반대로 예상치 못한 불행이 닥쳐와도 불행의 무게에 짓눌리지 않아야 한다. 비 오면 비 맞고 눈 오면 눈 맞을 각오를 하고 그때를 기다리고 준비하면서 나의 삶을 기운차게 헤쳐 나가야 할 것이다.

　어떤 사람의 말에 의하면 행복은 주로 지혜에서 오는 행복과 돈에서 오는 행복이 있다고 한다. 지혜에서 오는 행복은 "너 자신을 알라."라는 말로 표현되는 것처럼 자기 인식을 해야 한다는 것인데 지나치면 약점을 부각시키는 문제가 있다. 또 "욕망을 다스려라."라는 말로 표현되는 자기통제는 열정을 감소시키는 문제가 있으며, "원하는 것을 하라."라는 말로 표현되는 자기실현은 책임감을 약화시키는 문제가 있다. "죽음을 떠올리며 살아라."라는 말은 너무 세상일에 초연해지는 문제가 생긴다. 즉 '행복을 위해 어떤 자세를 어느 정도 취해야 하느냐'에는 정답이 없다. 결국, 지혜로운 사람이란 많은 것을 아는 사람이 아니라 무엇이 중요한가를 아는 사람일 것이다.

돈에서 오는 행복을 얘기해 보자면, 사실 선인들 말씀에 의하면 돈이 행복을 가져다주지는 않는다고 하였다. 하지만 사실 돈으로 해결할 수 없는 것을 돈이 해결해 주기를 바라는 마음 때문에 돈은 행복에 매우 중요한 부분을 차지한다. 먹을 것이 적당히만 있어도 행복을 느끼게 되는데도 먹을 것이 더 많으면 행복감이 더 커질 것이라고 하는 생각, 즉 상상만으로도 즐거움을 주는 '풍요추론 논리' 때문인 것이다. 궁핍한 시대에 살았던 사람들에게 풍요로움은 곧 행복 그 자체였다. '젖과 꿀이 흐르는 땅'을 갈망했지만, 지금은 저지방 우유, 저칼로리 식단을 찾고 있는 시대여서 풍요로움이 곧 행복을 의미하지는 않는다. 비만한 사람이 풍요로움에 의해서 오히려 공격당한다.

사람들이 흔히 말하는 유토피아는 현실에 없다. 헤테로토피아는 현실에 존재하는 유토피아를 말하는데, 마음먹기에 따라서는 현실에 존재하는 유토피아를 만날 수도 있다. 세월의 변화만큼이나 행복의 정의도 달라진다. 돈, 출세… 같은 것이 건강, 마음의 평화… 같은 것으로 달라지는 것을 볼 수 있다. 예를 들자면, 평균소득이 2,500만 원인 마을에서 5,000만 원 소득이면 행복한데, 평균소득 20억 원인 마을에서 10억 소득이어서 불행해진다면 물질적 풍요로움을 단순히 행복과 연결하기도 어렵게 된다는 것을 알게 된다. 그래서 어느 학자에 의하면 행복 같은 것은 별로 필요 없다고 느끼는 사람이 가장 행복하다고 한다.

행복과 관련이 있는 변수에는 높은 자존감, 낙관적 외향적 친절성, 우정, 결혼, 재능을 사용하는 직업, 의미 있는 종교적 신념, 숙면과 운동 등이 있다. 행복과 관련이 없는 변수에는 연령, 성별, 신체적 매력 그리고 수입의 크기, 삶의 경제적 수준 등이 있다. 그래서 보다 행복한 삶을 위해서는 지속적인 행복은 경제적 성공과는 무관함을 명심하고 시간을 관리하고, 미소 짓고 웃어야 한다. 그리고 자신의 재능을 수반하는 일과 여가를 찾으며 물질 소비보다는 즐기며 공유하는 경험을 하고, 움직임을 수반하는 운동을 하며, 수면을 챙기고 부부, 자식, 친구 등 긴밀한 관계에 우선해야 한다. 선행하고 매사에 감사하며 가능하면 종교 생활을 하라 등의 원칙을 지켜가야 한다.

그리고 무엇보다 본인 뜻대로 주도적으로 살아야 한다. 세상을 변화시키는 데는 정신적, 물리적, 시간적, 금전적 비용이 많이 들기 때문에, 남은 인생은 본인 뜻대로 인생의 주도권을 가지고 희로애락을 표현하면서 개성을 성장시킬 수 있는 그러한 인생을 살아야 한다고 한다. 그렇지 않으면 사슬에 묶인 코끼리(어릴 적부터 사슬에 묶어 두면 다 커서도 그냥 사슬에 묶인 채로 지내게 된다), 끓는 냄비 속의 개구리(따뜻한 물속에서 지내던 개구리는 서서히 온도를 높여도 참고 지내다가 익어서 죽게 된다), 유리병 속의 벼룩 신세(몸집이 작을 때 병 주둥이 속으로 들어간 벼룩이 크면 나오지 못한다)가 된다.

그리고 일상에서는 행복보다 만족이 더 중요하다. 왜냐하면, 행복은 복잡한 감정에 의존하고 지속적으로 변하는 반면에, 만족은 규칙이 단순하고 삶이 바라는 바와 방향이 일치하면 만족감이 생겨나기 때문이다. 삶의 만족도에 영향을 끼치는 것에는 가정, 돈, 집과 같은 큰 것보다는 수면·휴가·여행·사교·친구·자유·건강·술·식생활·종교·똑똑함·외모·매력 등과 같은 작은 것들이다. 그런데 행복처럼 만족감도 억지로 구하려 하면 얻지 못한다는 공통점이 있다. 왜냐면 똑같은 쾌락은 반복되면 만족도가 높아지지 않고 기억만 남을 뿐, 쾌락은 사라지기 때문이다.

사랑에도 기술이 필요하다고 누군가 얘기했었는데 사랑의 기술을 익히는 데는 지식과 노력 그리고 시간이 필요하다. 그런데 그 기술을 익히다 보면 사랑받는 일보다 사랑하는 일이 더 행복하다는 것을 배워 가게 되고, 소중한 사람이 생기면 그 사람을 위해서라도 나를 더 소중하게 여기는 마음도 생기는 등 하여튼 사랑은 신기하다. '무언가 혹은 누군가를 위해 자신의 몸과 마음 또는 재산이나 명예를 버리는 일' 그것을 희생이라고 부르는데, 나는 그동안 자신을 희생하며 무언가를 지키고 사랑하는 것도 결국은 자신을 위하는 일이라고 생각했다. 내 마음 편하려고, 나 좋으려고 하는 일이라고 보았다. 다만 자식 낳고, 나이 먹어 철이 드니까 이 사랑 때문에 희생이 필요한 순간이 온다면 나도 희생할 수 있겠다는 생각이 들기도 한다.

  봉사도 만만한 것이 아니다. 우리나라의 부모들에게 있어서 자기 자식에 대한 사랑과 희생은 유별나다. 그러나 남의 자식을 자기 자식처럼 사랑과 희생으로 대하지는 못하고 있는 것은 분명하다. 우리 주변에는 남을 위해 자신을 헌신하며 큰 봉사 하시는 분들이 수없이 많다. 그분들을 존경한다. 또한 적은 시간이라도 내어서 성의껏 작은 봉사라도 하시는 분들에게도 역시 감사드린다.

✳ 공동체는 외형적 모습·체제가 아니라 그 안에서 맺는 인격적 관계의 총합

보통은 인간을 독립적인 개체로 보는데 사실 깊이 생각해 보면 오히려 공동체적 존재임을 알게 된다. 인간은 태어나면서부터 다른 사람과의 관계 속에서 인간으로 성장하게 된다. 다른 사람이 없으면 오히려 인격적 존재가 될 수 없다. 인간이 다른 인격과 맺는 관계 그 안에서 비로소 인간다운 인간이 되는 것은 인간의 그 본질이 공동체적이라는 뜻이다. 그래서 인간은 가정과 사회를 만들 수 있고 나아가 국가를 만들고 유지하게 되는 것이다. 또한 우리가 만드는 과학·문화·예술·학문 역시나 이러한 본성 때문에 가능해지는 것이다. 공동체는 이렇게 형성된 그 결과물을 말하는 것이 아니라 공동체 그 안에서 인간이 관계를 만들어 가는 과정 그 자체다. 그러기에 모든 공동체는 그 집단의 외형적 모습이나 그 체제가 아니라 그 안에서 맺는 인격적 관계의 총합인 것이다. 그리고 이러한 공동체의 본성을 얼마나 인격적으로 받아들이느냐에 따라 한 사람의 인격적 크기가 결정되게 된다. 내가 만든 공동체의 크기가 바로 나 자신의 크기인 것이다. 그 공동체의 인격적 관계가 바로 나의 인격인 것이다. 아울러 개인의 이익을 넘어서 공동체적

덕목인 공동선이 중요해지는 까닭도 여기에 있는 것이다.

그러나 공동체와 나, 이 두 관계는 결코 대립적이거나 배타적인 것이 아니라 서로를 보증하는 상호성 안에 자리한다. 공동체적 존재이기에 우리가 전체에 흡수되어야 한다는 것이 아니다. 오히려 각기 인격의 고유함과 특성을 달성하기 위한 공동체이면서 동시에 그것을 가능케 하는 공동체를 의미한다. 이 두 가지 본성을 아우르고 통합하면서 그 갈등과 모순을 조절하는 데서 우리 인격의 크기가 최종적으로 결정되게 되는 것이다.

✸ 내리는 눈을 가만히 바라보니 실제로 소리가 들릴 것처럼…

모두 다 오케스트라의 지휘자가 될 수는 없고 자기가 연주하는 부분이 얼마 안 되더라도 서운해할 건 없다. 소녀가 바이올린을 혼자서 켜는 동안, 악보를 보면서 지휘자의 신호를 기다리고 있는 악단 사람들에게는 기다리는 것도 무음의 연주이니까. 소리가 없는 연주.

　침묵의 소리를 들어 본 적은 있는가? 「The Sound of Silence」라는 노래는 현대사회의 고독과 소통의 부재를 깊이 있게 표현한 것이라는데….

머릿속 깊게 뿌리 내린 그 광경 떨쳐낼 수 없이 되살아난다네
소리의 침묵 속에서

　또, 눈 오는 소리(설음, 雪音)를 들어 본 적이 있는가? 눈 오는 소리에 잠에서 깨어났다던 그 시인은 어쩌면 눈 오는 날의 차분함을 은유적으로 표현하려고 한 것인지도 모르겠다. 내리는 눈을 가만히 바라보니 실제로 소리는 들리지 않아도 눈 오는 소리가 들릴 것처럼 내 마음도 차분해진다.

눈 오는 소리

나는 눈 오는 소리를 들으며 인생의 진선미를 보았다
눈이 내리면 눈이 시리도록 온 세상이 아름답다(美). … 눈이 내리면 온 세상의 쓰레기조차도 덮고 감싸 안는다(善). …눈이 내리면 언젠가 녹아 내리고 꽃은 꽃으로 쓰레기는 쓰레기로 돌아가기에(眞), …그래서 진선미 그중에서도 진이 으뜸이다.

✵ 두 할머니는 같이 손잡고 밭두렁에 나갔다

경상북도 어느 곳인가, '사드'라는 미사일이 설치된 부대 그 옆 마을이 큰이모님이 사시는 동네다. 주변은 산과 하늘밖에 안 보이는 외딴곳이고 산비탈에 오래된 몇 가구의 집이 있던 기억이 난다. 아흔이 넘으시고는 건강이 예전 같지 않다고 하시니 언제 한번 찾아뵈어야지 마음먹다가, 오늘에야 서울에서 늦게 내려왔다. 이모님 댁에는 소·강아지·닭들이 있지만, 갑자기 가면 마땅한 반찬이 없는 곳일 터였으므로, 읍내 정육점에서 돼지고기 두 근을 사서 들고 그 마을로 들어가는 막차를 탔다. 가는 날이 장날이라더니, 마침 진짜 장날이기도 해서 시골 버스는 만원이었다. 사람만 만원이 아니라 이것저것 장을 보고들 가는 터라, 시골 버스 안 선반에는 더 이상 물건을 얹어놓을 자리가 없었다. 이리 쏠리고 저리 쏠리고 진땀이 뻐적뻐적 나도, 그냥 참고 타고 갈 수밖에는 없었다.

김장철을 앞둔 때라, 장터 방앗간에 다녀온 어느 분이 금방 빻아 온 고운 고춧가루 비닐봉지를 발길에 차일세라 발치에 둘 수는 없고 선반에 욱여넣더라니…. 그 아래 좌석에는 멋 내고 광내고 중절모 쓰시고 읍내에 다녀오시던 동네 어르신이 일찌감치 자리 잡고 점잖게 앉아 계셨다. 그런데 어째! 선반위 고춧가루 비닐봉지가 조금 터져서 그런지 그 영감님 중절모 위에 그 고운 고춧가루가 조금씩 흘러내리고 있는 것이 아닌가! 아무리 모자를 쓰고 있었어도 매운 기운에 그 영감님이 재채기를 하셨다. 나도 재채기를 했다. 달리는 차에서 조금 열린 창문 틈으로 바람이 들어오니 저 뒤쪽 사람들도 재채기를 시작했다. 그래도 고운 고춧가루는 계속 떨어졌고 마침내 빳빳하게 버티던 영감님의 중절모 챙이 감당을 못해 얼굴 쪽으로 꺾어졌다. 모자를 벗어본 그 영감님 왈 "아니, 어느 여편네가 칠칠치 못하게 고춧가루를? 주인이 누구냐고!" 하고 천둥처럼 소리를 벌컥 지르고 난리가 났다. 고춧가루 주인도 내가 주인이라고 나서지는 않았다.

맵고도 아까운 고춧가루가 계속 흘러내렸고, 난데없이 방독면 없는 화생방 훈련이 계속되는데도, 이제는 아무도 내 것이라고 감히 나서지를 못했다. 버스 안 사람들 모두에게 공적이 되었으니 무서워서…. 종점까지는 아직도 먼데 자수하여 고춧가루를 구해도 어두운 밤길을 달리는 늦가을 시골길을 중간에 내려 걸어갈 수는 없으니, 최루탄 속에서 눈물, 콧물 흘리며 그냥 참고 가는 수밖에…. 한참을 더 갔는가 싶더니, 드디어 그 영감님 폭발하여 고춧가루 봉지를 창문 밖으로 냅다 던지고 말았다. 어떤 사람들은 아깝다고 한탄을 하고, 어떤 사람들은 박수를 쳤다. 그래도 버스는 달렸다.

집에 도착한 그 영감님, 할머니를 만나자 아직도 분을 참지 못하고 다시 2차로 폭발하여 그때의 전투장면을 한참이나 리바이벌하셨다. 그런데 할머니 잠시 긴가민가하더니, 깜짝 놀라며 옆집으로 막 달려갔다. 낮에 읍내 방앗간에 고춧가루 빻아 달라고 부탁해 놓고, 나중에 막차로 온다는 옆집 며느리에게 찾아다 달라고 부탁했다는데, 그 고추인가 아닌가 생각하면서…. 옆집 며느리는 아직 안 왔다기에 그냥 오기는 했지만 영 께름칙했다. 막차를 안 탔으면 어디로 갔나? 좌우간 우리 고춧가루는 무사하길 바라면서….

다음 날 아침, 옆집 며느리의 시어머니가 왔다. 사실 며느리는 어제 막차로 들어오기는 왔는데 무서워서 말을 못 했다고…. 어쨌거나 그렇게 되었다고…. 다시 밭두렁에 가서 따다 남은 빨간 고추 따서 볕 좋은 날 말려서 읍내 가서 다시 빻아서 주겠다고…. 할머니도 말했다. 우리 영감이 그랬으니 괜찮다고…. 두 할머니는 같이 손잡고 밭두렁에 나갔다.

아! 지금도 매운 기운에 재채기가 나오려 한다. …막차.

✱ 지구는 태양을 돌며 흔들리고, 인간은 살아가면서 끊임없이 떨린다

  엄마가 우는 아기를 끌어안고 젖가슴을 내어놓을 때 잠시 동안 잠자코 기다리는 젖먹이 아기의 떨리는 마음, 초등학교 입학식 날 엄마 손 잡고 교문을 들어설 때 그 어린이의 떨림, 촌놈이 기차 타고 난생처음 서울로 수학여행 가던 날 아침 까까머리 중학생의 떨림, 비록 뺑뺑이이지만 진학할 고등학교 발표 기다리던 날, 졸업식 날 교장 선생님께 우등상 받으러 구령대에 올라갈 때, 인터넷 없던 시절에 대학 합격자 명단 발표하는 대자보 앞에서 많은 한자 이름 속에서 나를 나타내는 석 자 찾고 있을 때, 생계와 삶의 질을 결정하는 첫 직장의 첫 출근 날, 데이트하던 그녀와 처음 손잡던 날의 감전된 듯한 떨림, 결혼 승낙받으러 예비 처갓집에 가서 장인께 절할 때, 결혼하던 날 많은 사람 앞에서 폼 잡고 입장하던 때, 첫아이 낳을 때 초조하게 기다리며 기도하던 날, 연거푸 낙방하던 아파트 분양 당첨 발표를 또 기다리던 날, 거래선과의 미팅에서 영어로 첫 브리핑을 하던 날, 첫아이 입학하고 졸업하고 취업하고 결혼하고 손자 출산하던 날들, 새로 만든 메모리 반도체 샘플을 거래선에 제출하고 품질 승인 기다리던 때, 사위 며느리 첫인

사 하러 집에 올 때, 딸아이 손 잡고 결혼식장 행진할 때, 땅 매각 시 매수인의 긍정적인 매수 답변을 학수고대하던 때, 상수리나무에 종균 넣고 거의 2년 기다려 표고버섯을 처음 따기 직전 무렵, 배지표고사업 한다고 버섯기능사-종자관리사 시험 치던 때, 실력도 없이 그 큰 소 뒤에서 가축인공수정사 임상 실기시험 칠 때 그리고 대한민국 산림환경대상 받고 대중 앞에서 마이크 대고 수상소감 말할 때, 40년 직장 생활을 마치면서 환송연에서 인사말 할 때, 열이 40도까지 올라서 119 앰뷸런스 타고 응급실 갈 때, 수필 원고 퇴고하여 신인 문학상 응모하러 이메일 보낼 때, 당선 통보받고 수필 당선 소감 쓸 때, 신인 작가로 등단하여 상패를 받을 때….

 어떤 물리학자는 『떨림과 울림』이라는 책에서, 우주의 모든 물리적 현상의 근원은 진동이 있어서 그렇다고 하였다. 소리는 진동수에 따라 음이 달라지고, 빛은 진동수에 따라 색이 달라진다. 그리고 특정 채널의 고유 진동수와 수신기의 고유 진동수가 일치하면 공명(共鳴)이 일어나고 그것이 증폭되어 듣기를 원하는 방송이 나오게 된다. 물리의 세계에서는 세상일을 대부분 진동으로 파악하는데, 내가 말하려는 떨림은 이러한 진동은 아니다. 의학 대백과사전에서는 모든 사람에게는 혈액순환이나 근육수축 등의 이유로 인해서 평상시에도 어느 정도의 떨림은 있다고 하는데, 그러한 떨림도 분명 아니다. 끌림도 아닌 것 같고 설렘과도 비슷한 듯하고, 좀 더 가까운 것은 긴장성이라고나 할까…. 어떤 현상에 대해 정확한 어휘를 찾는다는 것이 이렇게 어려운 줄은 미처 몰랐다.

지구는 태양을 돌며 흔들리고, 인간은 살아가면서 끊임없이 떨린다. 우리의 생각도, 감정도, 희망도 쉼 없이 흔들리고 떨린다. 어떤 철학자가 말한 정반합(正反合) 이론처럼 우리의 인생은 중심에 이르고자 하지만 지나쳐서 다른 쪽으로 치우치게 되다가, 결국은 진동이 잦아들고 나서야 목표에 접근하게 된다. 우주는 떨림이 있고 인간에게는 울림이 있다. 다른 이의 떨림에 나는 울림으로 반응한다. 세상을 떠난 친구 사진은 마음을 울리고, 멋진 상대는 머릿속의 사이렌을 울린다. 그리고 나의 울림이 또 다른 이의 떨림이 되어 새로운 울림으로 보답받는다. 우주는 법칙에 따라서 움직이고 지구도 그냥 돌 뿐이다. 그래서 진동은 기계적이지만 울림은 인간적이다. 김춘수 시인이 "내가 그의 이름을 불러 주었을 때 그는 나에게로 와서 꽃이 되었다."라고 했듯이 단순한 물리적 현상에 의미나 가치를 붙이는 것은 인간뿐이고, 그래서 인간이 우주보다 경이로운 것이다.

과거는 현재 속에, 현재는 미래 속에 있는 것이다. 엄마가 아이의 다음 행동을 알 수 있는 것과 같이, 만약 우주에서 큰 그림을 한꺼번에 보는 경우에는 미래의 상황도 알 수가 있다는 것이다. 그렇지만 영화 「컨택트」에서 외계인 헵타포드는 상대방에게서 다음에는 무슨 말이 나올지를 미리 알고 있지만, 그 다음이 그대로 되기 위해서는, "현재에 그 대화가 반드시 실제로 행해져야만 한다."라고 하였다. 이는 우리의 미래라는 것도 결국 우리가 현실에 먼저 충실해야만 한다는 뜻으로 해석된다. 매 순간순간을 충실하게 인생을 살아온 사람들도, 지나고 보면, 그 사람들 한 사람 한 사람들에게는 많은 떨림이 있었다. 그것들은 하나같이 그들이 지금까지 살아온 보람이었으며, 소소하지만 확실한 행복들이었다는 것만은 확실하다. 그리고 그때마다 그들의 가슴 속에는 분명 떨림이 있었다. 그것도 나름의 크나큰 떨림이….

- 월간 『시사문단』 24년 12월 호

✷ 부자 동네에 거지가 살고, 거지 동네에 부자가 산다?

우리 집은 경북 칠곡군 약목면에서 살다가 이촌향도 시대에 대구로 나왔다. 몰려드는 사람들 때문에 집이 귀하여 남의 집에 도지방(셋방)을 구하였고 내가 태어났다. 나중에 어머니의 노고로 기와집을 마련했으나 나의 서울 취직을 계기로 수도권 쪽으로 와서 부천에 조그만 아파트를 사고 결혼을 했다. 직장 출퇴근을 위해 서울 자양동에서 빌라를 샀다가 마침내 신내동 아파트 택지지구에 분양을 받아 꽤 큰 아파트에 일가족이 모두 살게 되었다. 애들을 위해 강남으로 이사 고민도 했으나 차일피일 그럭저럭 한자리에서 세 아이 모두 졸업시키고 결혼도 시키고 30년 넘게 살았다. 우리 부부는 이 집에 정이 들어서 사는 데 문제가 없다고 보고 있으나 그게 아니었다. 애들은 결혼해서 뿔뿔이 흩어졌는데 강남에 있는 괜찮은 아파트를 똑똑한 아파트라고 한다. 그 얘기를 해보려 한다.

  내가 대구에 있을 때도 "사람은 서울로, 말은 제주도로 보내라." 하는 말이 있었다. 문제점을 인식한 정부도 지방균형발전 정책을 펼쳤으나 효과는 미미하였고, 오히려 이를 믿은 순진한 사람들만 격차가 더욱 커졌다. 그 이후 나도 취직을 계기로 서울로 왔다. 그때는 2호선 전철이 겨우 생기고 잠실역 주변도 휑하였다. 그 이후 40년 동안에 그 격차는 또 더 커졌다. 그뿐만이 아니라 서울 안에서도 강남과 강북이 차이가 나기 시작하였다. 그래도 2000년이 되기 전에는 강남·북이 엇비슷하였는데, 산업발전과 함께 경기 남부에 많은 직장이 들어서면서 강남에는 신도시가 조성되고, 인구가 모이고, 도시 생활의 중심이 되면서 활성화되더니 상업지역이 번창하였다. 덩달아 여건이 좋은 강남의 아파트는 부의 상징이 되고 자녀교육의 메카가 되고 나아가 이웃사촌을 중심으로 결혼 네트워크가 형성되면서 그들만의 리그로 지속 성장하였다. 학습효과가 생긴 젊은이들은 어떻게 하든지 강남으로의 진출을 모색하였고 강남은 더욱 사람들이 가고 싶은 곳으로 변하게 되었다. 영끌로 구입했다가 이자율 상승으로 고생을 하면서도 대세는 꺾이지 않고 오히려 강북 거주자의 갈증만 더하고 있다.

반면에 지방은 발전에 밀리고 노령화, 저출산 여파가 가세하여 인구가 감소하였다. 인구 2위, 3위 하던 부산과 대구가 4위 인천에 뒤지게 되고, 수도권 인구가 폭발하여 경기도가 가장 큰 지자체가 되고, 분도를 하자는 논의가 나오고 있다. 지방 도시는 물론이고 농촌인구도 크게 감소하니까, 빈집이 증가하고 농사지을 사람이 없어 농지가격마저 하락하여 경자유전의 원칙마저 흔들리고 있다. 농지의 컨테이너 하우스 규제는 완화되고, 타 시도 거주자가 인구감소지역의 세컨드 홈 추가 취득 시에도 여전히 1주택자 자격이 유지된다고 한다(비수도권지역에 준공 후 미분양 아파트가 많아지자 타 시도 거주자는 구입해도 여전히 1주택자 자격이 유지된다). 빨리 매수하라는 뜻에서 단, 24~25년 구입자에 한한다고 하지만 별무소용이다.

그런데 재건축되어 높이 올라간 소위 강남의 좋은 아파트에서는 원주민은 자기 부담금 때문에 그리고 새 입주자는 높은 이자 때문에 쪼들리게 살고 있다. 주변의 강북이나 경기도 쪽에서 살면 생활비가 적어 눈높이만 낮추면 오히려 넉넉하게 살 수 있다. 한마디로 부자 동네에 거지가 살고 거지 동네에 부자가 산다는 말이 나오고 있는 현실이다. 무용지용(無用之用)이라는 옛말이 있는데, 지금 쓸모없는 것이 나중에 쓸모 있는 것이 된다는 말이다. 그래서 강남이 아닌 곳에 사는 많은 사람은 오늘 쓸모가 적은 곳에 살더라도 참고 기다리면 언젠가는 쓸모가 많은 곳이 될 수도 있다고 기대하면서 희망고문 속에서 살아가고 있다.

사용가치와 교환가치는 다르다. 사용가치는 주관적이나 교환가치는 객관적이다. '집은 사는 것이 아니라 사는 곳'이라는 개념은 사용가치를 강조하는 말이지만, 누구에게나 좋은 집을 갖고 싶은 것은 인지상정이다. 그런데 그 좋은 집이라는 것은 무엇인가? 주관적으로는 내가 좋으면 그만이지만, 객관적으로는 높은 집값이 한마디로 대변한다. 좋다는 것은 모두가 달라 목표가 분산되지만, 집값은 오목렌즈로 볼 때처럼 관심이 한곳에 모이는 것이다. 감정평가에서는 경제적 가치만을 평가하는데 원가가격·수익가격·비교가격이 그것이다. 경제가 균형 상태에 있으면 세 가지 가격이 같을 것이나 현실에서는 괴리가 생겨난다. 집을 짓는 데 원가가 많이 든 집은 좋은 집이고, 그 집에서 나오는 수익이 크면 좋은 집이다. 그런데 비슷한 집들끼리의 거래사례 비교에 의해서 비교가격이 높은 집은 당연히 비싼 것으로 여겨진다. 비교가격이 현실에서는 오히려 가장 잘 어필하고 있다. 주관적인 만족과는 상당히 차이가 있음을 느낄 수 있지만 경제적 측면에서는 현실이 그러하니 어쩔 수가 없다는데….

평당 2억 원의 아파트가 나왔다고 해도 나는 사용가치에 만족한다. 교환가치가 낮아도 할 수 없다. 나 좋으면 그만이다. 세상과 비교하지 않고 청산에 살리라.

✳ 임금 수라상에 오른다고 '상수라'라고 하다가…

나이가 드니까, 언제부터인가, 반복되는 평범한 것들이 내일이면 그냥 사라질 수도 있다는 사실을 알게 되었고 매 순간 그 순간의 특별함을 하나하나 눈여겨보게끔 되었다. 그래서 평온하게 흘러가는 하루하루가 모두 나에게는 완벽한 날들임을 알게 되었다. 그리고 지금 내가 확신하는 것은 아름답게 늙어 간다는 것만으로도 위대하다는 생각뿐이다.

  비 오고 난 아침에 산자락에 들어서니 풀 냄새와 어우러진 공기가 더욱 상쾌하다. 매일 오르내리는 아파트 뒷산 산책길! 새들이 나뭇가지 위에서 휘파람을 불고 있는데 내 마음에는 평화가 가득하다. 무슨 새일까, 하도 궁금하여 살금살금 가까이 가보려다가 문득 코앞에서 상수리나무를 발견했다. 상수리나무! 그 어디서 많이 보던 나무가 아닌가. 제주에서 20여 년간 숱하게 보아오던 그 참나무가 서울에서도 자라고 있네! 야, 너 반갑다! 정말 반가워! 은퇴하고는 제주를 잊어버리고 살았는데, 너를 만나 다시금 제주를 잊지 못하게 하는구나. 삼나무 숲 아래 표고버섯 재배단지는 잘 있는지도 궁금하네.

  상수리나무는 600미터 고지 이하의 양지바른 산기슭에 주로 서식하는데, 줄기의 껍질이 딱딱하여 표고버섯 재배에는 제격이다. 5월에 새로 나는 햇가지의 이파리가 달리는 그 자리에는 암꽃과 수꽃이 한 나무에서 피는데, 그 모양과 색깔이 서로 다르다. 10월에는 단단한 껍질에 싸인 2센티미터가량의 둥근 상수리가 갈색으로 여문다. 상수리 열매는 가을에 채취하여 햇볕에 말려 두었다가, 위장병·기침을 다스리고 술독 푸는 데 달여서 마시고, 상수리 줄기 껍질은 햇볕에 말린 것을 달인 물로 아토피 피부를 씻어 내기도 한다. 식용으로는 상수리 열매를 말려서 가루로 낸 것을 죽처럼 쑤고 굳혀서 묵을 만들어 먹는다.

　또 상수리나무는 버섯 중에 가장 많은 표고버섯의 자목으로 쓰여서 상수리나무가 많은 제주에서는 옛날부터 표고버섯 생산의 원조였었다. 임금이 수라상에 항상 올리라고 하여 '상수라'라고 하다가 상수리라고 이름 붙여졌다나…. 임금이 좋아하니 진상이 많이 이루어졌는데, 제주의 농부들은 특히 많은 양의 표고버섯 진상을 요구받았다. 임금에게 가는 물량에다가 중간관리들이 가로채는 물량 등등 진상 요구물량이 하도 많아서 못 살겠다고 농부들이 제주를 탈출하다가 붙잡혀서 곤장을 맞는 일까지 생겨났다. 그때 생겨난 말이 "그 사람 진상이네." 하는 것이었다. 오죽하면 진상의 의미가 그렇게까지나 나쁘게 달라질 수 있을까.

　하산길에는 박경리의 『토지』에 나오는 '마름'이 떠올랐다. 지주로부터 소작지 관리를 위임받은 자인데 조선 후기에는 부재지주가 많고, 대지주가 등장하여 추수기의 실제 작황을 조사하고 소작료를 거두어 상납하는 마름의 일이 더욱 늘어났다. 일제 강점기 때 실시된 토지조사사업 이후는 일본인 부재 대지주까지 가세하여 마름의 존재와 필요성은 더욱 크게 부각됐다. 도마름·마름·하마름으로 계층이 세분화하기도 하고 소작인 선정이나 소작료징수에 보관까지도 담당했다. 나쁜 마름들은 주어진 권한을 넘어 전횡을 일삼는 폐해를 낳았다. 그들은 지주에게는 소작인 취급을 받을 뿐이었으나 소작인에게는 지주 행세를 했으니, 추수기에는 그야말로 '진상' 그 자체였을 것이다. 그나마 해방 후 경자유전의 「농지개혁법」 시행으로 농민이 땅 주인이 되니 자연스레 지주와 마름은 소멸했다. 그런데 제주는 '진상'이라는 나쁜 의미의 말이 생겨나는 수준이었으나 제주보다 인구가 많고 곡창지대였던 전라도에서는 지주가 소작농의 어깨 위에 무등을 타고 있었고, 마름의 행패까지 심하여 마침내 농민들을 기반으로 한 동학혁명, 여수·순천사건까지 생겨난 토양이 되었다.

  산책에서 돌아와 아내와 함께 아침 식사로 표고버섯을 넣은 된장찌개와 묵무침을 먹었다. 왕의 수라상을 생각하면서···.

- 월간 『시사문단』 24년 10월 호

✸ 그 해녀들도 한때는 공주였으려나···

  귀여운 딸아이에게 줄 싱크대가 달린 주방 장난감을 사 온

남편에게 날카로운 항의가 튀어나왔다. 왜 여자에게만 설거지를 연습시키느냐는 것이었다. 어릴 때부터 벌써 그렇게 길들여지는 것이 싫다는 것이다. 왜 여자아이에게만 치마를 강요하냐, 왜 여자만 배 아파서 아이를 낳고, 왜 여자만 시집와서 얼굴도 모르는 시조부, 시조모 제사를 지내느냐고…. 남편은 잠시 정신이 없다. 어릴 때 할머니는 대장부가 부엌에 들어오면 고추가 떨어진다고 얼씬도 못 하게 했었다는데.

세상은 변하고 있다. 그냥 변하는 것이 아니고 모든 분야에서 정신없이 변하고 있다. 예전 나 때는 어쩌고저쩌고하면, 그냥 꼰대라고 하면서 아예 귀 막고 하는 말을 들으려고도 하지 않는다. 과학이 발전하면 기술이 바뀌고, 기술이 바뀌면 생산방식이 바뀌고, 생산방식이 바뀌면 사회제도가 바뀌고, 사회제도가 바뀌면 문화나 종교까지도 바뀐다고 했다. 요즈음은 남자, 여자 모두 유치원·학교·직장에 똑같이 평등하게 다니다 보니 요리·육아·설거지는 남녀 공동의 일이어야 하는 것은 물론이다. 가정사에서는 여자들이 생물학적으로 셈이 더 빠를 뿐만 아니라, 사실 여자들의 판단이 더 현실적이어서 집안 대소사에 대한 발언권도 이제 남자를 능가하고 있다.

내가 아는 집안의 할머니 한 분은 열다섯에 4대 독자 집에 시집와서 딸 여섯을 낳고 일곱 번째에 아들을 겨우 낳았는데, 누워 있는 빗자루도 일어나 같이 일해야 한다는 농번기에 모두가 바빠서 돌보지 못하는 바람에 그 아들을 잃고 말았다. 혼자 독박 쓰고 죄인이 되었기에 또다시 열 달 고생하여 낳았는데, 또 딸을 낳아 칠 공주가 되고 말았다. 이번에는 더 중죄인이 되어 배 아프다는 말조차 꺼내지도 못하고 혼자서만 끙끙 앓다가 또 낳았는데, 천우신조라고 아들을 낳았기에 마침내 끝이 났다. 그래도 씨받이 안 들인 게 시모와 남편 덕이라고 고마워했다나…. 그분도 한때는 공주였으려나….

섬이나 어촌의 여자들은 생활력이 강하다. 남자들이 바다에 나갔다가 살아 돌아오지 못하는 경우가 많았으니 그런 것인데 제주 여자들, 특히 할머니급 여자들의 생활력은 남다르다. 우선 제주 해녀가 그렇다. 좋은 일거리를 차지하는 데는 순서가 있는 법이어서 힘센 젊은 남자, 힘센 젊은 여자, 늙은 남자, 늙은 여자 순이다. 차가운 바닷물 속 깊이 들어가서 하루 종일 물질해 봐야 몇 푼 안 되는 톳나물, 미역, 소라 등을 잡아 올리는, 소위 3D 업종의 돈 안 되는 일은 늙은 여자들에게까지도 돌아온다. 차가운 물속에서 숨이 차서 돌아가시는 늙은 해녀가 매년 한둘이 아니다. 마땅한 일거리가 없이 혼자서 호구지책을 하다 보니 그리되는 것인데 그 해녀들도 한때는 공주였으려나….

표고버섯 재배농장에는 일 년에 한 번씩 벌목해 놓은 상수리나무 자목에 종균을 넣는 작업 때문에 주변 마을 할머니들이 일용으로 농장에 와서 일한다. 적어도 다섯씩은 자식 낳고 독박 육아 하다가 영감 돌아가시고 시골집에서 홀로 산다. 하지만 노구를 이끌고 감귤밭을 가꾸면서도 물려받은 땅 팔아서 쓸 생각은 아예 못 하고, 농장에서 일당을 받으면 그마저도 현금이 아니고 통장에 찍히니 그 귀한 몇십만 원을 나 먹자고 찾아 쓰는 경우는 없다. 점심값은 일당에 보태어 돈으로 받고 할머니 본인들은 싸 가지고 온 밥 한 덩이의 수수한 점심과 함께 별미라고 가져온 쑥떡, 그러니까 밭두렁 쑥을 캐다가 밀가루와 버무려 찐 것인데 한번 먹어 보라고 주변에 권한다. 더덕밭에 김매기를 할 때도 마늘 캘 때도 일당으로 받은 그 귀한 현금은 손자들 올 때 용돈 주려고 그냥 가지고 있다고 한다. 어쩌다가 농장에서 간식으로 준 치킨 반 박스도 집에 있을 그 누구를 챙기느라 들고들 가신다. 그분들도 분명 맛있는 것 먹고 싶어 하는 누구 집의 공주였을 텐데….

어떤 초등학교 학부모인 젊은 엄마가 입학식 날 선생님과의 첫 만남에서, 미혼인 젊은 여선생님에게 "우리 아이는 왕족의 DNA가 있는 아이이니까 특별히 잘 대해 달라."라고 부탁했다. 심사가 조금 뒤틀린 젊은 여선생 왈, "우리 아빠도 나더러 공주라고 불렀으니까 나도 왕의 DNA가 있는 셈인데 저한테도 잘하세요."라고 속으로 되받아쳤다나. 하기는 애 엄마도, 애도, 여선생님도 모두가 공주인 시대이고 모두가 왕의 DNA를 가졌으니까.

— 월간 『시사문단』 24년 10월 호

✸ 켄 로치 감독에게 더 공감하고 휴머니즘을 얘기해 주었어야 할 것을

사회문제를 사실적으로 고발하여 대중의 공감을 일으키는 것이 작가의 역할이다. 켄 로치 감독이 만든 「미안해요, 리키」 영화는 우리 사회가 택배 일을 하는 리키를 힘들게 해서 미안하다고 말한다. 리키가 좋은 세상에 살았으면 좋았으련만, 그러한 세상은 어디에도 없고 앞으로도 우리는 또 다른 리키를 보게 될 것이란 사실만은 분명하다. 영화 보는 동안 내게 계속 오버랩 되어 나타났었던, 내가 두서없이 비판하고야 말았던 친구가 있다. 다른 사람들이 영화 소재가 될 것 같다고 한, 나의 착해 빠진 그 친구는 또 한 명의 리키였다.

회사가 어렵다니까 주변 동료들의 사정을 아프게 생각하여 자신도 형편이 안 좋으면서 먼저 손들고 나온다. 준다는 실업

급여는 자존심상 받지도 않고, 힘겹게 요양보호사로 일하는 아내의 고물 승용차는 팔게 하여, 회사 일보다는 수입이 낫다는 택배 일을 위해 트럭을 덜컥 사버리고…. 돈만 더 벌고 싶었지, 택배 시장 원리도 결국은 잘 모르는 리키. 가족을 슬기롭게 품어 주지도 못 하는 리키…. 그럼에도 불구하고 다시 세상과 부딪치러 뛰어나가는 엔딩 장면을 보면서 제발 영리하게 잘해 주기를 기도한다.

  그런데 나는 지금 후회한다. 우둔함을 비판 말고, 공감하는 쪽으로 안타까움을 보탤 것을, 해준 것도 없는데…. 메마른 현실의 경제원리만 들먹일 것이 아니라 켄 로치 감독에게 더 공감하고 휴머니즘을 얘기해 주었어야, 그랬어야 할 것을….
I missed you Rickey.

✸ 덧없고 무상한 것들은 자신의 자아로 간주하지 말라

우리는 무엇인가? 우리의 의식 속에는 '나'라고 하는 개인의

식을 간직하고 있다. 나의 육체는 '내'가 아니고 '나의 소유물'이다. 반면에 나의 의식은 소유물이라기보다는 '소유자'다. 즉 나의 의식은 '나 자신'에 가깝다. 신학에서는 영혼이라고도 얘기하는데 죽은 다음에도 내가 계속 살아 있다면 그 '나'는 도대체 무엇인가?

불교에서는 인간을 항시 변하는 무상한(형상이 없는) 다섯 가지 五蘊(오온)이 합쳐진 존재로 본다. 즉, 色(몸, 물질적인 것), 受(감각), 想(지각), 行(업을 일으키는 마음의 성향, 의지적·성격적 요소), 識(인식, 식별, 판단, 사유)이 그것이다. 다시 말하면 인간이란 별것 아니고 이렇게 수시로 변하는 요소들이 인연에 따라 일시적으로 합쳐진 심신 복합체일 뿐이다. 무상한 존재이기에 인간은 '실체적 자아'이거나 '항구적 자아'는 아니라는 것이다. 자아(Self)라는 것은 우리가 언어 편의상 쓴 것일 뿐 그것에 해당하는 실체가 존재하지 않는다는 것이다. 가령 우리가 '나의 몸', '나의 감정', '나의 생각'이라고 말할 때 '몸', '감정', '생각' 등을 소유하고 있는 '나'라는 '어떤 자아'가 몸이나 감정과는 별도로 존재하는 것처럼 생각하지만 실제로는 그렇지 않다는 것이다. '나'란, 몸·감정·생각 등이 일시적으로 결합된 하나의 다발일 뿐으로 몸과 감정·생각은 수시로 변한다. 그러므로 그런 것들과 별개로 그것들을 소유하고 있는 항구적인 '나'라는 실체는 존재하지 않는다는 말인 것이다. 그래서 덧없고 무상한 것들은 어떤 것이든 자신의 소유는 물론이요, 자신의 자아로 간주하지 말라는 것이다.

그러나 종교계에서는 오온으로 구성된 자기 존재를 다스리고 변화시킬 수 있을 만큼의 자유를 가진 초월적 요소가 우리 인간에게 존재하는 것이고 이러한 '초월적 자아', '진정한 나'가 따로 존재한다고 본다. 생사의 세계에서 유전하는 자기 자신을 반성하고 벗어나려는 해탈의 의지와 그 실현은 '본래의 나', '참나'가 없이는 불가능하다고 본다. 무아설의 근본 취지를 이해하면 오히려 부처님은 더 높고 더 크고 참된 자아를 가르쳤다고 한다. 그리스도교에 있어서도 인간은 세상과의 관계 속에서 형성되면서도 초월자 하느님과 관계하는 인격의 깊이가 분명히 존재한다고 믿으며, 우리는 그것을 '영' 또는 '영혼'이라고 부른다.

자아실현이란 자기성취의 욕구, 즉 잠재적으로 실현 가능한 자신을 추구하는 경향을 말한다. 매슬로는 생리욕구, 안전욕구, 소속감과 애정욕구, 자아존중욕구, 자아실현욕구의 5단계 중에서 자아실현욕구를 인간 성취의 정점으로 보았다. 그런데 어떤 자아를 실현하느냐 하는 것은 천차만별이다. "자기 자신이 되다."라는 의미인데도 우리 대부분은 다른 사람들이 어떻게 생각할까 너무 걱정하고 다른 사람의 기대에 부응하는 문제로 너무 속을 태우고 있는 현실이다.

그래서 자아실현을 위한 노력에도 그 단계가 있다. 첫 번째 단계는 '무엇을 하든 그것에 대한 깊은 확신을 갖고 열심히 하는 것'이다. 모든 것을 충분히 경험하고 사소한 일에서 비롯되는 즐거움이나 경이감도 만끽하는 것이다. 아이처럼 세상을 경험하고 받아들이며, 책임을 전가할 다른 어떤 것을 찾기보다는 오히려 의식적으로 자신과 자신의 행동을 책임지게 되면 처음에는 좀 무서운 기분이 들지만 곧 힘이 넘쳐흐르는 느낌이 들게 된다는 것이다.

두 번째 단계는 '정직해지는 것'이다. 이것은 얼렁뚱땅 넘어가려는 것을 포기해야 하고 그 대신 자신의 실제 감정이나 신념에 따라서만 행동하는 것을 의미한다. 다른 사람들이 자신의 해롭지 않은 선택에 대하여 어떻게 생각할까 하는 염려와 함께 쑥스러운 기분을 가질 필요는 없다. 다른 사람들이 좋아하는 것을 좇지 말고 혼자 힘으로 자신이 생각하고 즐기는 것을 찾아내야 한다.

세 번째 단계는 '꿋꿋이 버티는 것'이다. 자신이 옳다고 생각하기 때문에 여론의 흐름에 거스르고 적의에 맞서는 것은 용기를 필요로 한다. 고민될지도 모르지만 자아를 실현한다면 그럴만한 가치가 있는 것이고 정직함과 진실성이 가장 큰 보물이 되어 준다.

네 번째 단계는 자아를 실현하기 위해서는 '자신이 어떤 존재가 되어야 하는지, 어떤 것을 하고 싶어 했는지를 분명히 아는 것'이다. 그것의 정의는 사람마다 다르지만 자기 자신의 인생관에 따른 가치와 목적에 충실했다면 자아가 실현된다. 그리고 나아가서는 자신의 견해를 다른 사람에게 강요하지 않으며 자신의 야망에 기반을 두고 거기에 맞추어 다른 사람들도 그 자신의 길을 가도록 도와주어야 한다.

'희망 고문'이라는 것이 있다. 어떻게 해도 절망적인 결과만이 기다리는 상황 속에서 주어진 작은 희망으로 인해 다른 길로 가지도 못하고 오히려 더 괴롭게 되는 상황을 말하는 것이다. 잘못된 목표를 설정하거나 비합리적인 목표 때문에 더 좌절을 겪는 경우가 낙관성의 배신 그것이다. 하루하루 현실을 직시하고 가능한 범위 내에서 문제해결을 위해 노력했었던 사람만이 인간의 존재를 구원해 주게 되는 것일 뿐이다. 막연히 지금의 경제적 어려움이 대학에 가면, 취업하면, 결혼하면, 세월이 가면… 부자가 될 것이라고 하는 것과 같이 명확한 목표가 없고 그 목표에 맞는 실행이 없으면 공허함만이 점점 더 커지게 될 뿐이다.

자기도 긍정, 타인도 긍정하는 Win-Win의 승리자 각본이 되어야지 자기는 긍정, 타인은 부정하는 투쟁적 자세이거나 자기는 부정, 타인은 긍정하는 자기희생적 자세는 옳지 않다. 자기도 부정, 타인도 부정하는 패배자 각본은 더더욱 안 될 말이다. 인생의 문제에서 도망치지 말고 부정하거나 무시하지 말며 체념하거나 자포자기해서는 안 된다. 고민에 휩싸여 병나거나 죽음을 선택해서는 더더구나 안 되며, 객관적으로 살펴보고 스스로 해결해야 한다. 바꿀 수 있는 것은 바꾸는 용기를, 바꿀 수 없는 것은 받아들이는 겸허함을 그리고 그것을 분별할 수 있는 지혜를 가져야 한다.

자신의 개성과 능력을 냉철히 검증하고 장점에 대해서는 자부심을 가질 것이며, 주위로부터 강요받은 인생각본을 자신의 인생각본으로 바꾸고 '자신다움'을 표현했을 때는 스스로 잘했다고 칭찬하는 여유와 배짱을 가져도 좋을 것이다.

인본주의 심리학에서는 인간을 '잠재력이 있어서 발전할 수 있는 존재'로 간주하는데, 인간은 자기실현이라는 자기의 유지 또는 향상을 위하여 잠재능력을 발휘하는 경향성이 있다고 한다. 자기실현을 하는 사람을 '충분히 기능하는 사람'이라고 한다. 충분히 기능하는 사람은 자신의 경험에 개방적이고, 새로운 것을 체험하는 데 개방적이며, 어려운 현실에서 도피하기보다는 도전하고 고통을 감수하는 태도를 지녔다. 이들에게는 특별한 재능보다는 스스로 선택할 수 있는 삶을 살아가는 자세와 노력이 더욱 필요하다. 또한 사람들은 스스로 결정했을 때 더 오랫동안 흥미 있어 한다. 자기실현을 위해서는 무조건적 긍정적 존중이 전제되어야 하고, 어떠한 결정과 선택을 하더라도 "나는 가족이나 중요한 타인에게서 온전히 존중받고 사랑받을 수 있다."라는 환경이 조성되면 더욱 좋다.

✳ 반려견이 승복 입고 염주를 걸고

인간은 이성을 갖고 있어서 자기 자신을 이해하고 나아가 타인의 마음과 행동에 대해서도 이해를 함으로써 삶을 행복으로 이끌 수 있다고 하였다. 우리의 의식은 물질에서 발생하였지만 "열 길 물속은 알아도 한 길 사람의 마음은 모른다."라는 말과 같이 인간 본성은 심오한 불가사의의 세계다. 마키아벨리는 인생이라는 강을 잘 건너기 위해서는 인간의 본성에 대한 냉혹한 관찰이 필요하다고 하였다. 소크라테스는 인간의 참된 본성을 알려고 인간 심리의 미묘한 움직임을 파악하기 위해 골몰하였는데, 그에 의하면 인간의 본성은 오직 대화를 통해서 차츰 드러나기 때문에 올바른 대화를 할 줄 아는 능력이 인간의 조건이라 해도 무방하다고 보았다. 이치에 맞는 질문을 받았을 때 이치에 맞는 대답을 할 줄 아는 존재, 이것이 소크라테스의 인간관이라 할 수 있고, 이성은 우리의 행복을 보증해 주고 이성으로 인해 국가나 사회도 비로소 건전하게 발전하며 평화를 누리고 정의를 실현할 수 있다고 하였다. 소크라테스의 '이성적 동물', 즉 로고스적 존재라고 하는 그의 인간관은 오늘날까지 큰 영향을 미쳤다.

데카르트는 인간이 생각을 하기 때문에 인간의 정체성을 나타낸다고 했다. "나는 생각한다. 고로 존재한다."라고 하면서, 이성적 인간의 자기 확신을 위한 생각, 즉 방법적 회의를 말하였다. 그는 자신의 이성을 사용하여 모든 것을 의심하고 의심할 수 없는 확실한 진리를 찾아내어야 한다고 하였는데, 결론적으로 절대로 의심할 수 없는 한 가지 사실은 '내가 의심하고 있다는 그 사실이니까, 그러니까 나는 존재한다'는 결론에 이른다고 하였다.

칸트는 인간을 이성적 존재로 보면서 이성의 이름으로 종교도 부인하는 인간중심주의, 계몽주의 입장이었지만, 그도 이성에는 분명 한계는 있다고 하였다. 그는 『순수이성비판』에서 이성을 통해 경험하는 세계와 이성을 통해 이해할 수 있는 세계를 구분하였고, 이 두 세계 간의 관계를 탐구하면서 인간의 이성이 갖는 한계를 논의했다. 『실천이성비판』에서는 도덕적인 행위의 근간이 되는 이성적인 원리를 보면서, 도덕적인 행동은 개인적인 욕구나 이익이 아닌 도덕법칙에 따라야 한다고 하였다. 『판단력 비판』에서는 판단력과 우리의 인지능력을 다루면서, 판단력이 우리의 인지과정에서 어떤 역할을 하는지 그리고 어떻게 우리의 지식과 이해를 확장시키는지에 관해 설명하였다.

   그러나 그 이후의 많은 철학은 이성적인 인간중심주의, 즉 계몽주의를 비판하고 있다. 과연 인간은 세계의 주인이며 모든 존재의 중심인가, 아니면 인간은 그저 세계의 한 부분이며 생명이 이루는 거대한 그물망의 한 코에 불과한 것인가 하는 존재론적 의문을 내보였다. 최근 증평군의 미륵사에서 반려견이 승복 입고 염주를 걸고 주지 스님의 말씀을 듣는, 동자승의 자세를 취한 사진이 뉴스에 나왔다. 아니 무슨 개에게도 불법을 전하나 하는 인간중심주의의 비판도 있고 개도 다 같은 중생이라서 부처님의 말씀을 알아듣는 것은 아닌지 모른다는 주장도 있다. 개도 인간과 같은 로고스적 존재인지가 궁금하다.

✳ 이렇게 돈을 안 쓰면 조폐공사도 할 일이 없어지려나

요즈음은 동전이 아주 귀하다. 모두가 신용카드 쓰고 통장으로 이체하고 각종 페이로 지불하니까. 옛날 집집마다 있던 큰 돼지 저금통은 '무궁화, 거북선, 다보탑, 벼 이삭, 이순신, 학'과 같은 동전 밥을 먹을 수가 없어서 점점 사라지는 추세다. 그런데 사실 지폐도 비슷한 신세다. 이순신 장군의 500원짜리 지폐는 수집가들이나 가지고 있고, 퇴계 선생도 실거래에서 보기가 어렵고 율곡 이이 선생도 흔치 않다. 손자들 세뱃돈 줄 때도 세종대왕님도 아니고 신사임당 정도는 되어야 할아버지 체면이 선다. 세상은 점점 현금 없는 사회로 되어가고 있다. 서울의 버스나 지하철은 카드만 되고, 스웨덴 같은 나라에서는 교회 헌금도 계좌이체로 한다고 하며, 또 어떤 나라는 상점에서 페이만 통한다고 한다. 예전에는, 돈 하면 동전이었고 지폐를 넣고 다니는 명품 지갑도 유행했었는데…. 이렇게 돈을 안 쓰면 조폐공사도 할 일이 없어지려나.

상평통보는 놋쇠로 만든 구멍 뚫린 동전인데, 일상에서는 '푼' 또는 '닢'으로 불리었다. 사실 조선 시대에도 저화(楮貨)라는 지폐가 있었으나, 저잣거리에서는 엽전 정도만 실거래에 사용되었다. 당백전(當百錢)은 흥선대원군이 경복궁 중건을 위해 주조한 화폐로서 상평통보 100문(文)의 값어치로서 만들어졌으나, 실제로는 가치가 많이 떨어져서 5~6배에 불과하였다. 동(銅)을 구하기가 어려워서, 속리산 법주사 미륵불상까지 재료로 넘볼 정도였으나 곧 중단되었다. 당백전에 이어 당오전, 당이전, 당일전도 나왔는데, 가치가 형편없는 당일전을 두고서 '당전', '댕전' 하다가 '땡전'으로 바뀌었으니, "수중에 땡전 한 푼(닢)도 없다."라는 말은 이때 나왔다.

주현미가 부르는 노래인 「엽전 열닷냥」에 나오는, 과거 보러 한양 가는 선비가 타고 가는 청노새 안장 위에 실어 주었다던 엽전 열댓 냥은 대략 요즈음 시세로 600,000원 정도 되므로 노자에 보탬이 되기는 했었을 터이다. 전, 환, 원을 거쳐 달러가 들어왔는데 요즈음 환율이 1,400원을 넘어서서 1,500원을 바라보게 되었다. 그러니까 1원은 0.0007달러, 아! 불쌍한 우리의 원화….

그런데 요즈음은 또 가상화폐라는 것이 나와서 향후 디지털 화폐로 정착될 것이라 한다. 2009년에 어떤 이가 만들어 0달러에서 출발하였던 비트코인이 이제는 주류의 금융 투자 상품이 됨으로써 10만 달러까지 올랐으니까 엄청나다. 가격이 비싸지니까 채굴에도 열을 올리고 가상화폐를 연구하는 사람도 많아졌다. 여전히 밈(Meme, 인터넷 유행 콘텐츠)으로만 보는 사람, 21세기판 튤립일 것으로 보는 사람이 많은 것도 사실이나, 은행마저도 IT Bank로 바뀌고 디지털 화폐를 취급하려고 하는 마당이어서, 디지털 화폐 세상이 다가온 듯하다. 한편으로 돈과 비슷한 것으로서 금은 요즈음도 지속적으로 각광을 받고 있다. 우리 집의 결혼반지와 세 아이의 돌 반지는 모두 IMF 때 금 모으기 운동에 적극적으로 참여하는 바람에 하나도 없다. 요즈음은 한 돈의 돌 반지값도 그야말로 금값이어서 하늘 높은 줄을 모르고 있는데, 어쩔 것인가.

또 옛날에는 정단무보(町段畝步. 1정 = 3,000평, 1단 = 300평, 1무 = 30평, 1보 = 3평)로 대충 측량하던 땅이 요즈음은 엄청나게 귀해졌다. 송곳 하나 박을 내 땅이 없다고 말하는 사람이 많다. 또한 벼락거지 될까 봐, 영끌을 해서 샀던 아파트 하나도 머리를 아프게 하고 있다. 이자 내기 힘드니까 떨어진 값에 팔아야 하나, 공급 부족이 온다니까 이자 내면서도 쥐고 있어야 하나. 갈 길을 모르니 그것이 정말 문제다. 금융권도 가히 춘추전국시대(春秋戰國時代)이고 각자도생(各自圖生)뿐이다. 주식은 이미 4년 전 시세로 돌아갔고, 개미들은 불안하여 언제 던져야 하는지 고민인데, 투자 가이드 한다는 사람들 판단도 매일매일 바뀌는 통에 믿지 못하게 된 지가 오래되었다.

동전이든 지폐든, 원화든, 미국 달러든, 가상화폐든, 문제는 내 돈, 내 금, 내 땅이 없고, 똑똑한 내 아파트가 없다는 것인데, 이 춘추전국시대에 어떻게 살아가야 하나. 각자도생이라는데 누구를 믿고 살아야 하나? 누군가의 입에서 다시금 "땡전 한 닢도 없다."라는 말이 나오게 생겼으니 우리의 앞길을 환히 밝혀줄 현자(賢者)는 어디에 계시는가요? 말씀 좀 해주세요.

✳ 원폭 투하 후 오펜하이머가 "내 손에 피가 묻은 것 같다."라고 하자

미국 영화들을 자세히 보면 미국 사람, 미국 문화가 대단하다는 것을 나타낸다는 공통점이 있다. 인간 본성과 도덕적 가치 면에서 그들이 가장 합리적이고 우월하다는 점을 강조하고 있는 것이다. 다민족의 큰 국가를 잘 다스리기 위해 가장 중요한 것은 인류 보편의 가치에 충실한 것 외에는 다른 방법이 없기 때문일 것이라고 나는 믿고 있다. 그런 측면에서 이 영화 「오펜하이머」가 미국 영화다운 점 몇 가지를 살펴보면 이렇다.

우선 원작은 『아메리칸 프로메테우스』다. 크리스토퍼 놀란 감독이 각색하여 영화로 만들었다. 킬리언 머피가 오펜하이머 역을 맡은 이 영화에는 최초의 원자폭탄이라는 가공할 무기 개발자의 죄책감을 드러내는 대사가 나온다. "독수리가 프로메테우스의 간을 쪼아 먹는 것처럼 오펜하이머를 계속 괴롭혔다."라고 표현한다. 오펜하이머는 미국 하버드에서 화학을, 영국 케임브리지에서 물리학을, 독일 괴팅겐에서 핵분열을 공부하고 미국 정부의 요청으로 맨해튼 프로젝트를 수행하였다. 그는 뉴멕시코 로스앨러모스에서 열심히 트리니티 원폭 실험을 하였다. 그리하여 백성들의 안위와는 상관없이 천황을 위하여 끈질긴 소모전을 벌이던 전범국 일본에 마침내 리틀 보이가 투하되었고, 인간성을 말살하던 전쟁을 우리 미국이 이렇게 하여 끝냈다고 온 인류에게 설명하고 있다.

원폭 투하 후 오펜하이머가 "내 손에 피가 묻은 것 같다."라고 하자 트루먼은 "당신은 내가 시킨 대로 일을 했을 뿐이고 내가 핵 투하를 결정했는데 책임은 나에게 있지, 왜 당신이 괴로워하느냐. 징징이를 다시는 들여보내지 마라."라고 하는데 이는 맞는 말이다. 의사결정자에게 책임이 있는 것이지 업무 수행자의 잘못이 아닌 것은 분명히 맞다. 이 대사는 미국 대통령의 단호한 자세를 부각시켰다.

해군 제독이었었고 원자력 위원이었던 스트로스와의 갈등으로 상호 비난이 있었으며, 그의 모함으로 오펜하이머가 위기에 봉착했다. 또 당시 아이젠하워의 정책이 핵무기 증대 쪽이었으나 오펜하이머는 평화주의 신념으로 수소폭탄을 반대하였기에 스트로스가 잠시 이기는 형국이 되었다. 그러나 청문회에서 개인적 원한으로 누명을 씌웠다는 사실이 폭로되고 케네디 상원 의원까지 등장하면서 오펜하이머는 다시 인정받게 된다. 미국에서는 반드시 정의가 이긴다는 점을 부각시키고 있다.

스페인 내전은 시민이 선택한 정부에 대항하여 프랑코 군부가 반란을 일으킨 것이다. 영국과 프랑스는 중립, 독일과 이태리는 반란군 국민파를 지원, 소련은 공화파를 지원했다. 오펜하이머는 시민 편이었으니 그것이 소련과 연결되었다는 의심을 받게 된다. 피카소의 작품 「게르니카」는 독일의 폭격으로 망가진 게르니카 지역의 참상을 그린 것이다. 2차 대전 당시에는 공산주의 사상 초기인지라 미국에서도 공산당 지지자들이 있었는데 오펜하이머 가족들이 공산당에 가입한 경력이 있었다. 독일과 소련이 폴란드를 침공했을 때는 미국 공산당 지지자들은 실망했고, 독일이 소련을 침공하자 나치즘에 반대하여 소련을 지지하기도 하였다. 그러나 종전 이후 냉전 시대에 접어들면서 소련과 완전히 척을 지게 되고 매카시즘 시기에는 공산주의와 결별하고 말았다. 오펜하이머 청문회에서 보면 국가를 위해서 노력했어도 버림받는 것처럼 나온다. 케네디가 대통령이 된 후 물리학 최고상을 수여하기로 했으나 암살 사건이 나는 바람에 후임 존슨 대통령에 의하여 마침내 수여되었다. 오펜하이머의 업적은 미국 역사에 길이 남았다.

오펜하이머도 대단하고 미국도 대단하고 미국 영화도 대단하다.

✹ 희망과 절망은 합하여 100%, 자존심과 자존감도 합하면 역시 100%

"나는 나를 사랑하는가?"라는 질문 앞에 우리는 냉정해야 한다. 남의 사랑을 받고 싶고 나도 그 누구를 사랑하여야 한다는 것은 귀가 따갑도록 들어 왔다. 나는 나를 사랑하는가. 이는 자존심과는 다른 얘기다. 남에게 굽히지 않고 자기 잘났다는 마음으로 남에게 품위를 지켜나가려는 자존심과는 분명히 다르다. 이에 반해 자존감은 '자기를 존중하는 마음'으로서 나를 소중히 여겨 스스로에게 존중받고자 함이다.

자존감이 낮은 이는 다른 사람을 의식하고 상대적으로 자신이 무능력하다고 느끼면서 화를 자주 내고 타인에게서 영향을 많이 받는다. 그러나 성직자, 지휘자, 친구가 많은 사람 등 자존감이 높은 이는 남을 의식하지 않고 다른 사람과 비교하지 않으며 부족한 점이 있다면 개선하려고 노력하면서 있는 그대로의 자신을 믿는다. 한편 자존감이 낮아지면 위기관리를 못하게 되는데 이런 사람들은 종교를 가지면 좋고, 주변에서 격려하고 인정하며 칭찬하는 위로를 받거나, 인문학의 좋은 책을 읽어서 감동받으면 다이돌핀(Didorphin)이 나오게 되는데 이는 엔돌핀(Endorphin)의 천 배 효과가 있다.

 자존심의 극치에는 항우가 있다. 어릴 적에 힘이 센 아이를 보면 항우장사라는 말로 칭찬을 했었다.『초한지』에 나오는 항우는 유방과 끝없는 싸움을 하다가 해하전투에서 패하고 결국 자결하였다. 그는 피했다가 후일을 도모할 수도 있었으나 "내가 패한 것은 하늘이 나를 버려서이지 내가 싸움을 잘못한 것은 아니다."라고 하며 자존심 하나로 버티다가, 그 자존심에 상처가 나자 감정이 앞선 선택을 하고 만 것이다. 한편 자존감의 극치에는 한신이 있다. 그는 유방의 부하로 한초삼걸(한신·소하·장량) 중 한 명으로 꼽히는 명장이다. 그는 일찍이 과하지욕(깡패들의 가랑이 밑을 기는 수모)을 당하였으나 하찮은 깡패들 때문에 대의를 저버릴 수 없다고 하면서 자존심은 상하더라도 자존감으로서 더 큰 뜻을 펼칠 수 있게 되었다.

 또 한 분 정주영 회장의 일화가 있다. 사업을 하다가 자금이 필요하여 은행 대출을 받는데 은행 담당자가 거들먹거렸다. 저녁에 그의 집에까지 찾아가려 하자 "회장님께서 어찌 거기까지 가느냐." 하고 직원들이 말리는데도 불구하고 "내 일을 잘하고자 하는 것이니 자존심 문제 될 것 없다."라고 하면서 그의 집 앞에서 기다렸다고 하니 대단하다.

타인은 나의 자존심에 1원도 보태 주지 않는다. 얼굴에 흉터가 있어도 자격지심을 가질 필요가 없다. 패자는 피할 수도 즐길 수도 없다. 중간자는 "피할 수 없으면 즐겨라."이고, 승자는 "즐길 수 없으면 피하라."이다. 어차피 인생 고통은 '총량불변의 법칙'인 것이어서 고진감래냐 흥진비래냐, 둘 중의 하나일 뿐이다. 희망과 절망은 합하여 100%이고 자존심과 자존감도 합하면 역시 100%다.

✳ 인간의 삶은, 벽 그 자체…
본질적으로 인간은 우울한 존재다

공감 능력이 떨어져서 사회생활이 뻑뻑한 사람들은 의도적으로라도 공감하기 훈련을 하면 좋다. 우선 경청하는 자세로서 상대방의 비합리적인 사고일지라도 이해하고 참고 들어 준다. 같은 상황이어도 생각을 달리하면 내 감정이 달라질 수도 있으니 상대방에게 가끔 맞장구도 쳐주면서…. 그다음에는 상대방의 기분을 나쁘게 하지 않으면서 상대방의 마음을 헤아리면서 그래도 가끔은 나의 주장을 가볍게 한다. 이것뿐이다. 이것을 인지적 공감이라고 한다. 타인의 고통에 대한 높은 감수성과 결합된, 타고난 성숙한 공감력을 가진 정서적 공감과는 다르다.

그런데 공감(Empathy)이란 타인의 마음에 감정이입이 되어 상대방의 마음을 이해하여 자신도 같은 감정을 느낄 수 있게 된다는 것으로서, 이는 단순히 같은 감정을 느끼는 정도의 동감(Sympathy)과는 다르다. 공감은 감성이 포함된 뜨거운 것이고, 동감은 이성이 포함된 차가운 것이다. 공감 제로는 냉철함과 냉혹함과 연결되고 만다. 일상생활에서 상대방의 말을 경청하며 공감을 통해서 상대방에게 일종의 권한을 부여해 주면(Empowering) 그 덕분에 상대방이 힘을 얻으며, 상대방은 자신의 강점을 바탕으로 주변의 많은 것들을 활용하여 미래를 설계해 나갈 수 있다. 변화하고 발전할 가능성에 대한 믿음, 그것을 해내고 싶은 동기, 그것을 해내야겠다는 의지 그리고 해낼 수 있다는 자신감 등 자신의 삶 전체에 대한 통제력을 발달시킬 수 있는 역량이 생겨나게 된다. 그리고 나아가 주변과 파트너십을 형성하고 협력 관계를 발전시키게도 된다.

이러한 공감은 기독교의 사랑, 즉 "이웃을 네 몸과 같이 사랑하라."라는 것과 불교의 '자비'와 비슷하다. 자비로 표현되는 관세음보살은 부처가 되기를 보류하고 중생을 구제하기 위해 인간 곁에 남아 있으면서 자비를 관장한다고 한다. 공감은 인간 세상에 있어서는 시간과 공간을 관통하여 꼭 필요한 통시대적이고 통사회적인 개념인 것이다. 그뿐만이 아니라, 타자들의 삶에 공감하는 연민, 대상에 대한 외경 그리고 인간에 대한 공감이야말로 문학의 근원이며 출발점이기도 하다.

사실 인간의 삶이란 죽음의 벽과, 하루는 24시간뿐이라는 시간의 절대적인 한계라는 벽 앞에 있다. 인간의 삶은 벽 그 자체다. 그런 점에서 모든 인간은 본질적으로 우울한 존재다. 그러므로 우울은 질병이 아닌 삶의 보편적인 바탕색이다. 병이 아니라 삶 그 자체라는 말이다. 자식을 잃은 부모의 슬픔이 어째서 우울증인가. 암 선고를 받은 사람의 불안과 공포가 왜 우울증인가. 은퇴 후 무력감과 짜증, 피해의식이 어떻게 우울증인가. 학교에서 왕따를 당한 아이의 우울이 어째서 뇌신경 전달 물질의 불균형이 초래한 우울증과 같은 것인가. 내 생각에는 흔하게 마주하는 삶의 일상적인 숙제들을 서로 도우면서, 공감해 주면서, 함께 넘어서야 하는 우리 삶의 고비들일 뿐이다.

✳ 어정쩡한 타협주의는 문제를 더 꼬이게 한다

  오랜만의 일요일, 집에 있으려니 무료하고 예전에 아들 면회 가던 부대 부근의 멋있는 단풍 구경도 할 겸 길을 나섰다. 47번 도로 타고 철원 와수리에서 수피령고개를 넘어 육단리를 지나고 다목리까지 왔다. 일요일이라 부대 정문이 닫힌 것을 빼고는 예전과 큰 다름이 없었다. 그러나 저출산 여파로 부대 하나가 없어져 명월성당도 문 닫았고, 사창리 부근에서는 좀 헤매었다. 그래도 기억을 되살려 광덕계곡과 백운산을 넘고 백운계곡을 지나서 포천으로 넘어왔다. 집으로 가는 47번 도로에 들어서니 아는 길이라 편안한 마음이 들었는데 아내가 운전에 참고하라고 내비를 켰다. 남자들이 말하기를 세상 살면서 세 여자의 말은 반드시 들어야 한다는데 어머니 말, 아내 말 그리고 내비 아주머니의 말이 그것이다.

  그런데 내비 아주머니는 43번 도로로 옮겨 타라고 한다. 거리와 함께 시간을 고려하는 기계의 선택을 믿고 43번으로 갔더니 이번에는 고속도로 톨게이트로 안내한다. 일요일 날 드라이브 나왔는데 무슨 유료도로를 타나 싶어, 무시하고 의정부 시내를 관통할 요량으로 계속 전진했다. 시내에 들어와서는 교통상황에 따라 꼬불꼬불 안내하는 통에 길을 잃어버리고 말았다. 왼쪽으로 가라, 우회전하라, 인내심이 바닥나서 하는 수 없이 내비 아주머니가 시키는 대로 가까운 톨게이트로 가는 수밖에….

잘 알면 가고 싶은 대로 가고 아예 모르면 내비가 시키는 대로 가면 되는데 내비를 믿다가 무시하다가 또 믿다가 했다. 갈팡질팡하면 더 고생한다는 것인데 실용주의를 하려면 실용을, 원칙주의를 하려면 원칙을 고수해야 한다. 어정쩡한 타협주의는 문제를 더 꼬이게 한다.

그러면 타협의 원칙은 무엇인가. 자주 다니는 출퇴근길, 동네 길은 내비보다 더 잘 안다. 그렇다면 실용주의를, 타 시도에 갔거나 번지수를 정확히 가고자 할 때는 내비라는 원칙주의를 따르면 된다. 즉, 잘 알 때는 실용주의를, 잘 모를 때는 원칙대로 내비를 따르는 것이 가장 좋다. 그런데 뉴스를 보니 내비가 공사 중으로 끊긴 다리로 안내했다니까…. 종종 그럴 수도 있는 모양이다.

✳ 가상화폐… 갈까 말까, 돌아서서 갈까 망설임의 연속

요즈음은 가상화폐가 유행이다. 암호화폐라고도 하며 우리가 보통 사용하는 법정화폐와는 달라서 가상화폐라고 불리고 가상자산을 만들고 있다. NFT(Non Fungible Token. 대체 불가능 토큰)는 디지털 자산의 소유주를 증명하는 가상의 토큰으로서, 그림이나 영상 등의 디지털 파일을 가리키는 주소를 토큰 안에 담음으로써, 그 고유한 원본성 및 소유권을 나타내는 용도로 사용된다. 일종의 가상 진품 증명서를 뜻하는데, NFT는 거래 내역을 블록체인에 영구적으로 남김으로써 그 고유성을 인정받고 있다.

가상자산 가격 정보 사이트인 코인마켓캡에 따르면, 비트코인이라는 물건은 자산가치가 전체 가상화폐 2조 달러 중에서 1.7조 달러(25년 1월 110,000달러, 2월 95,000달러)에 이르러 디지털 금 지위가 되었다. 무시 못 할 존재가 되고 있는 것이다. 비트코인은 2009년 사토시 나카모토가 블록체인 기술을 이용하여 만든 가상화폐다. 블록 크기 1Mbyte이고 분산통제가 가능한 암호화폐 2,100만 개 정도를 만들었다. 미국 증권 당국의 승인으로 ETF 상장 후 가치가 더 커져 운용자산

규모 1,155억 달러 규모가 됨으로써, 2023년 156%, 2024년 120% 상승하였다.

현재 비관론과 낙관론이 교차하고 있는데, 비관론으로는 2,100만 개 중 94%가 이미 채굴되었고, 채굴업체가 더 이상 채굴할 게 없거나 실제 가치보다 비싸져서 옛날 튤립처럼 관심이 식으면 거래가 줄고 가격도 하락할 것이라는 견해가 있다. 또 트럼프 공약 이행이 저조할 확률, SEC 파월 의장이 관여할 의사가 없다는 점, 고성능의 양자컴퓨터를 이용한 해킹 가능성(구글 양자 칩 '윌로우' 발표로 4% 하락한 점), 중국의 가상화폐 금지, 권도형 테라·루나 사건, 리플 소송, FTX 거래소 파산 사례 그리고 증권사 입장이 사실 평범한 일반인은 비트코인의 변동성을 감내하기 어렵다고 보고 있는 점(24시간 거래, 많은 변수, 큰 불확실성, 책임성 없는 탈중앙화 개념 이해 난제로 존재) 등등이 그러하다.

한편 낙관론으로는 미국 정부가 매년 20만 개씩 사들여 최대 100만 개를 보유하여 전략자산으로 삼겠다고 하였고, 관련 규제도 완화 중에 있어서 비트코인의 경우는 2025년 말 20만 달러를 전망하는 쪽도 있다. 미국 정부는 달러 양적 완화와 경상수지 적자로 인한 달러 헤지 수단의 하나로서 전략적으로 비트코인을 보유하자는 논의를 지속하고 있고, 실제로 많은 금융기관이 Following group으로서 지지하고 있다.

또 알트코인들의 가격도 덩달아 뛰고 있다. 노벨 경제학상 후보였던 부테린이 창업자인 이더리움은 최근 현물 ETF에 21억 달러가 유입되어 시총 2위 규모가 되었다. 비트코인은 가상화폐일 뿐이나 이더리움은 중앙은행 같은 기관 없이도 이용자끼리 금융활동이 가능한 탈중앙화에 초점을 맞춘 가상자산으로서 일종의 계약(어떤 조건)이 성취되면 돈이 이전되는 구조다. 비트코인은 전화기, 이더리움은 스마트폰에 비유되는데 이더리움 기반의 결제 시스템이 기대되고 있다.

리플은 2017년 1,000억 개 발행되었는데 2024년 미국 대선 전 0.5달러가, 12월 초에는 2.7달러로 치솟아 한 달에 5배 상승하였고, 1월에는 2.3달러로서 테더에 이어 4위 규모다. 리플은 저렴한 국제송금을 위하여 블록체인 기반의 결제 네트워크를 표방하며, 중앙화된 암호화폐 XRP를 사용하여 은행 송금 결제수단(Internet of value)으로서 기축통화의 역할을 기대하고 있다. 프로젝트 아고라를 통하여 금융생태계의 변화를 도모하고 있는 것이다. 리플은 SEC에 소송을 당하였지만, 트럼프 취임 후 젠슬러 위원장이 사임하면 추가 상승도 예상되고 있다. 리플 ETF도 출시 예정이나 리플의 부작용, 속칭 '리또속(리플에 또 속았다)'이라는 불명예가 여전히 남아 있다.

테더는 스테이블 코인(달러화 등 기존 화폐에 고정가치로 발행되는 암호화폐)을 표방하고 있는데 과잉발행 우려가 여전하다. 각국 중앙은행이 개발 중인 CBDC(Central Bank Digital Crrency)와 유사하다. Swift망을 통해 한화를 송금하면 미국에서 달러를 수령할 수 있는데 실제로는 CBDC가 송금되는 방식이다.

트럼프 밈 코인이라는 것도 나왔는데 트럼프 자신의 SNS 채널인 트루스 소셜에 따르면 '공식 트럼프 밈'이 나왔다고 공개하였다. 3년 치 예정량 10억 개 중 첫날 2억 개가 발행되어 개당가격 45달러, 따라서 90억 불을 조달(13조)하였다. 자신이 80% 소유한 코인을 대통령이 취임식 전에 출시하는 것은 약탈적이라는 반응으로 많은 사람이 피해 볼 것이라고 비판받고 있다. Meme coin은 인터넷상의 콘텐츠로만 존재하는 것으로 아무런 기능이 없는 투기대상일 뿐이라지만 도지, 페페와 유사하고 솔라나는 275달러에 이르고 있다. 이 외 알트코인들도 과거 닷컴 버블처럼 결국 살아남는 것은 소수에 불과할 것으로 예상되고 있다.

가상화폐의 기본 원리인 게임 이론은 전략적 상황에 처한 행동 주체의 의사결정을 연구하는 경제학의 한 이론이다. 영화 「뷰티풀 마인드」를 보면 실제 인물인 존 내쉬는 비협력 상황하에서의 균형이론으로 논문을 발표하고 제2의 아인슈타인으로 떠오른다. 그는 소련 암호를 해독하는 프로젝트에 투입되었고 1994년에는 애덤 스미스의 이론과는 완전히 다른 새로운 이론인 비협력 게임 이론을 인정받아 노벨 경제학상을 수상했다. 암호해독 기술의 연장선상에 있던 암호화폐는 전 세계가 어떻든 미국의 힘이 아닌 중립적인 규칙을 선호하기 때문에 향후 큰 역할을 하게 될 것으로 예상하는 사람들이 많다. 그런데 우리나라의 가상자산 시장은 닫혀도 너무 닫혀 있어서 쇄국(鎖國)이라고 할 정도다. 투자자산 보호를 우선으로 하는 고민도 이해하지만, 글로벌 가상자산 시장과의 간극이 너무 커지고 있다는 우려가 나오고 있는 실정이다. 보수적이다 보니까 오히려 더 위험해지고 있는데, 실제로 법인투자자는 진입하지 못하고 있고(2분기부터 비영리법인에 허용하고 하반기부터 금융사를 제외한 상장사에 허용하는 것을 검토 중임), 개인들만 단타를 노리다 보니 롤러코스터의 신세를 면키 어렵고 현물 ETF가 막혀 한국 투자자들은 더 위험에 노출되고 있다. 그래서 글로벌 속도전에 뒤지면 몇 년 뒤 크게 후회할 수도 있게 된다는 견해도 나오고 있다.

물론 현대금융의 아버지로 불리는 노벨 경제학상 수상자 유진 파마 시카고대 교수는 가상화폐는 교환 매체로서의 규칙을 위반하고 있어서 비트코인의 가치가 10년 안에 '0'이 될 가능성이 크다고 했다. 마이크로소프트의 빌게이츠도 가상화폐는 쓸모없다고 하면서 높은 아이큐를 가진 사람들이 스스로를 속이고 있다고 했다. 월가 투자의 전설인 오크트리 캐피털의 하워드 막스도 가상화폐는 어떠한 수익을 창출하지 않기 때문에 내재가치가 없는 투기성 화폐라고 혹평을 하면서 가상화폐의 가격이 오르는 이유는 단지 다른 사람들이 더 높은 가격에 사 줄 것이라고 기대하기 때문이라는 것인데 그는 이러한 종류의 투자는 하지 않는다는 것이다.

  현실은 냉혹하다. 갈까 말까, 돌아서서 갈까 망설임의 연속이다. 강순덕 작가의 『유턴이 필요할 때 직진하는 그녀』라는 소설이 떠오른다.

IV.
베이비부머 세대

코페르니쿠스는 별을 포기하면서
우주를 얻게 되었는데

✳ 나는 이제 내 인생에
겸손해야 한다는 것도 알고 있으며…

아파트를 분양받고 입주해서 29년을 살았는데, 아파트 6층 앞집에 살던 귀여웠던 그 여자애가 어느 틈엔가 시집을 갔다. 어느 날 그가 친정집에 아이를 데리고 놀러 오는 길이었다. 엘리베이터에서 만난 우리 부부를 보고는 자기 애한테 갑자기 "할아버지, 할머니에게 인사해야지." 하기에 깜짝 놀랄 틈도 없이, 그날부터 우리는 갑자기 할아버지, 할머니가 되었다. 그리고 또 얼마 있지 않아서 나의 외손자들과 친손자들도 "할아버지, 할머니." 하고 달려와 안기는데 드디어 거부할 수 없는 노년이 되고야 말았다. 나도 딱지 치고 구슬 치던 어린 시절이 있었지만…. 하기야 우리 애들도 시집, 장가가서 애를 낳았으니.

김형석 교수가 『백 년을 살아보니』라는 수필집에서 보면 인생의 황금기는 60~75세라고 한다. 그것은 정신적으로 성숙하고 인간적으로 성숙하기 때문이라는 것이니 슬퍼하기보다 오히려 기뻐해야 할 일인가 싶다. 60을 회갑이라고 한다. 철도 들기 전에 회갑부터 맞이하는 것이므로, 인생은 60부터라고 너무 일찍 포기하지 말라고 한다.

우리나라에서는 1955~1963년생까지를 보통 베이비부머 세대라고 하는데, 국가 생산층으로서 이 나라의 기둥이던 이 세대가 이제는 노년층이 된 것이다. 농경사회에 태어나, 성인이 되어서는 산업화시대를 맞이했고, 노년층이 되면서는 AI 시대를 맞아 4차 산업혁명까지 겪고 있다. 어쩌면 소위 5차 산업혁명이라고 불리는 초지능화된 AI 시대를 더 맞이하게 될 수도 있다. 일생 동안 이렇게나 많은 변화를 겪는 풍운의 세대인 것이다. 더더구나 최고 인구층을 이루는 1964~1974년생의 2차 베이비부머 세대까지 노년층이 되면서 곧 은퇴에 나서기 시작한다. 이들의 은퇴는 급격한 노동력 감소로 이어지고 생산 현장에는 노동력 부족으로 어려운 혼란이 생기고 국가 성장 잠재력까지 저해할 수 있다니, 이들의 활용을 위해 전 사회적인 관심을 모아야만 한단다. 개인 측면에서만 보더라도 평균수명의 연장으로 100세 시대를 맞았다. 종전처럼 조기 은퇴를 할 것이 아니라 제2의 경제활동을 해야 하는 것이 시대의 과제가 되고 있는데, 베이비부머 세대는 부모를 부양하던 마지막 세대이고 자식으로부터 부양을 받지 않는 처음 세대라고 하여 낀 세대, '마처 세대'라고도 불린다. 이들은 급격한 시대상의 변화와 혼란에 아파할 틈도 없이 좌우간 무슨 일이든지 더 해야만 할 형편이 되어 가고 있다. 회사는 전쟁터이지만 밖은 지옥이라니까, 과연 퍽퍽한 시대다. 그래도 어떻든 죽기 전까지 더 보람차게 활동할 공간을 찾아야만 한다.

내가 처음 입사하던 1984년에는 60, 50, 40, 30, 20대의 취업자 수가 각각 100, 212, 349, 388, 474만 명이었다. 그런데 40년이 지난 2024년에는 취업자 수가 674, 672, 619, 547, 371만 명으로 세대별 규모가 완전히 역전되었다. 이러한 고령층의 활동 증가는 그동안 세금에 의한 임시직을 중심으로 한 것으로서 어떤 측면에서는 고용의 질을 악화시키고 경제를 노쇠화하게 한다고만 알았었는데, 요즈음에 와서는 그게 그렇게 단순한 게 아니었다. 10~20년 전만 해도 회사에서 환갑을 넘기고도 일하는 분들은 청소나 경비가 대부분이었으나, 요즈음은 학력도 많이 높아졌고 대졸 출신 기술직들도 많은 상태라서 경쟁력이 많이 향상되었기 때문에 양상이 많이 달라졌다는 것이다.

1984년에는 기대수명이 68세이고 합계 출산율이 1.74명으로 연령대가 낮을수록 취업자가 늘어나는 피라미드 구조였으나, 베이비부머 세대가 본격적으로 60대에 진입한 2010년

후반부터는 60세 이상의 인구가 늘어난다. 특히나 2024년에는 기대수명이 84.3세로 늘어나고 합계 출산율이 0.74명으로 떨어지자, 은퇴연령 진입인구가 근로연령 진입인구인 20대보다 많아서 취업자 연령대별 분포가 처음으로 역피라미드형으로 나타난 것이다. 그리고 '고령자 계속 고용 제도'를 운영하는 곳이 많고 행안부 소속 공무직은 정년을 이미 공식적으로 60세에서 65세로 늘리기로 하였는바 정년 연장 내지는 정년 폐지의 물꼬를 텄다. 이는 고령자들이 자녀에게 부담을 주지 않고 노후를 스스로 책임지겠다는 인식과 80만 원대에 불과한 월평균 연금으로는 노후를 대비할 수 없다는 불안감이 점차 퍼진 결과다. 고용률도 60, 50, 40, 30, 20대가 각각 47.4, 77.6, 79.6, 80.4, 45.8%로서 60대가 20대를 앞질렀다.

이는 두 가지 측면에서 바라볼 수 있다. 첫째는 그들이 지켜주던 전통 제조업 생산직과 각종 장치의 설치 분야에서는 기술자와 숙련공이 부족하고, 농업 분야와 운송 분야의 중급인력 감소까지 눈에 띄게 늘어나면서 노동시장에 빨간불이 켜지고 있는데 이에 대한 대안이 될 수 있다는 측면이다.

둘째는 다른 측면에서 볼 때 구조적인 문제가 불가피하다는 것이다. 저출산 때문에 20대부터 시작해서 점차 30대, 40대로 가면서 생산가능인구가 줄어들면 산업현장 노동력 부족은 물론 연금가입자 보험가입자들도 줄어들어 사회 전반적으로 파장을 예고하고 있다는 것이다. 일례로 연령대별 자산보유 비중을 보면 베이비부머 이전세대(45년생 이전) 11.9%, 베이비부머 부근세대(46~64년생) 50.0%, X세대(65~79년생) 29.5%, M세대(80~96년생) 8.5%다. 베이비부머 세대 이상의 인구가 전체 개인 재산의 절반을 훨씬 넘는 61.9%를 가지고 있다. 근검절약하고 저축하며 살아온 지금의 노년 세대가 더 많아지게 되면 전반적인 국내 소비가 줄어드는 부의 정체 현상이 나타나게 되어 국가 경제의 내수기반을 붕괴시키게 되는데, 일본의 경우는 이를 장기불황의 한 가지 원인으로 보고 있기도 하다.

2025년에는 65세 이상 인구가 20%인 초고령사회가 되며 60세 이상 인구도 33%에 이른다고 하니, 노년층 특히 베이비부머 세대와 2차 베이비부머 세대는 싫으나 좋으나 또 한 번 역할을 가져야 하게 되었다. 미국에서는 아예 정년 제도가 없고, 일본에서는 2013년에 벌써 65세로 정년을 높였다. 대기업 중심으로는 70세까지 높이려는 움직임이 있고 OECD에서는 정년 제도 폐지를 권고하고 있는 형편이다. 우리나라에서도 작금에 와서는 노조를 중심으로 65세까지 고령층의 정년 연장이라는 화두를 꺼내고 있다. 기업으로서는 연공서열에 따른 높은 인건비, 업무성과 저하, 신규채용 규모 축소, 인사 적체를 걱정하고 있고, 젊은 층에서는 어떻든 인력공급 증가로

인하여 평균인건비가 하락하고 신입 채용 규모가 감소한다고 한다. 단기적으로는 양질의 일자리를 두고 세대 간 갈등이 유발된다는 점도 풀어야 할 과제다. 어떻든 일부 고급 기술직군을 제외하고는 평균적으로는 체력과 디지털 기능이 떨어지는 노년층이 어떤 분야에서 어떻게 뛰어야 하는가가 문제다. 국가의 생산층으로 다시 나서면 좋겠지만 기술발전이 빠르고 해서 모두가 제대로 적응하기가 쉽지 않다.

노년층에도 다양한 일거리는 있으나 눈높이를 낮추어야만 하는 것들이 대부분이고 해서 탐탁지는 않다. 결국 각자의 입장에서 어떻게 다시 뛸 수 있을지를 판단하여야만 하는데, 나는 그렇게 생각한다. 우리 세대에서는 한 가지 방향만은 분명히 가져야 한다고 본다. 수명이 길어진다는 시대에 발맞추고, 경력 관점에서도 중대한 변화가 시작되는 것이다. 그러니 은퇴를 막 시작하는 이 시점에서 앞으로의 30년 여생을 살아갈 스스로의 생활 플랫폼을 만들어야 한다. 일의 개념을 좀 더 넓혀서 취미가 직업이 되는 시대도 만들어야 한다. 일자리의 새로운 기회를 많이 포착하기 위해서는 계획된 우연(Planned happenstance theory)을 믿고 평소에 접점을 넓히는 활동을 하여야 하고, 느슨한 관계까지도 챙기도록 노력하며 관심 분야, 커뮤니티 활동도 하는 것이 좋을 것 같다. 만약 어느 정도 재무적인 상태가 받쳐 준다면 '직'보다는 '업'을 선택하여 시간제 근로와 나의 취미 생활을 병행하는 것이 바람직하다. 그것을 소명이자 천직으로 삼아야 나의 존재가치가 있을 뿐 아니라 스스로의 선택이라는 주관적 만족까지 뒤따르게 된다.

나는 이참에 평소에 하고 싶어 했던 '글 쓰는 일'을 하려고 하는데 글 쓰는 일은 어떤가? 노년층은 몸 쓰는 일은 약하지만, 그간의 경험과 체득된 지식이 있어 지혜를 내는 일에는 오히려 유리하지 않을까(사실 AI 시대에는 그렇지도 않다)? 책 읽기도 쉽지는 않지만 글쓰기는 더 어려운 것이다. 좋은 글쓰기를 위해서는 우선, 그간의 많은 인생 경험과 함께 책 읽기와 사색을 통해서, 지식과 논리의 뼈대를 만들고, 외부의 좋은 생각과 정보로써 살을 붙이고, 섬세한 문필력을 가미하여, 점점 더 내공을 높여 나가야만 한다. 나도 더 늦기 전에 지나온 삶을 기록으로 남기면서 몸 쓰는 일보다는 지혜를 활용할 수 있는 일, 즉 글쓰기를 하려고 하는 것이다. 하버드 졸업생들에게 자신의 일에서 가장 중요한 요소가 무엇인가 하는 설문을 했더니 글쓰기라고 했고, 그 이유는 '합리적 사고의 정리'라고 했다지 않나. 나 또한 글쓰기에서 어떤 희망을 찾았다고나 할까. 자신을 있는 그대로 되돌아보면서 서술하는 것, 자신의 삶에서 중심과 의미를 찾아 가는 것, 그런 것들을 글로 쓰고 싶은 것이다. 그리고 지금 나는 행복하다. 나는 이제 내 인생에 겸손해야 한다는 것도 알고 있으며, 세월의 강 위에 그냥 흘려보내야 하는 것과 지켜야 하는 것도 알고 있다. 내 능력 밖의 일 때문에 더 이상 부대끼지도 않을 것이다.

✷ 삶은 속도가 아니라 방향이니까 이 방향으로 쭉

글 쓰는 일이 내게 좋은 것은 주체적으로 일을 한다는 것이다. 원고가 안 풀린다며 머리를 싸맬 때도 그것은 나의 일이다. 그 일은 매 순간 새로운 것에 도전해야 하고, 그것은 만만찮은 모험이라서 꽤 흥분되며, 드물지만 상쾌한 몰입의 순간도 찾아온다. 그것은 자신의 개성이 듬뿍 담긴, 스스럼없이 내 것이라고 할 수 있는 것이고, 손으로도 만질 수 있는 내 결과물이며, 어떤 순간에는 틀림없이 온전한 보람을 맛보게 해 준다. 역량을 발전시킬 수도 있고, 그걸 스스로 느끼며, 가끔은 다른 사람도 그렇게 평가해 준다. 희박한 확률이라도 대박을 꿈꿀 수 있고 그래서 전망을 품을 수도 있다. 거대한 흐름에 참여함을 느낀다. '부속품'이 되는 것과는 다른 기분 좋은 감각이며 헌신할 수 있는 일이라는 확신이 든다.

나에게 글 쓰는 일은 어릴 때부터 선망해 오던 것이기는 하나 전업으로서 글쓰기를 한다는 것은 사실 별개의 문제다. 전문가, 그러니까 프로가 된다는 것은 만만치 않은 수준을 요하는 것이고, 은퇴한 이 나이에 시작한다는 것은 인생의 또 다른 모험일 것이나, 처음에는 아마추어로 출발하지만 결국 프로가 되고 싶다는 욕심과 당위가 함께 존재한다. 그래서 여생이 얼마나 될지는 몰라도 30년을 두고 프로에 도전하는 길을 나서려 한다. 그리고 젊을 때처럼 반드시 성공을 목표로 삼지는 않겠다. 성공에 초점을 맞추면 맞출수록 그것에서 더 멀어질 수 있다는 것을 터득했기 때문이다. 누군가의 말처럼 삶은 속도가 아니라 방향이니까 이 방향으로 쭉 가보는 것이다. 톨스토이도 젊은 시절 방황했으나 후기에는 대문호가 되었지 않나. 어떻든 의무가 없는 은퇴 이후의 이 시점에서 글쓰기는 내가 좋아하는 일이기에 나는 하루하루가 즐겁다.

　현실로 돌아와서, 작가들의 세상을 보면 작가로서 등단하는 데는 당연히 신문사 신춘문예와 주요 문예지 출판사의 신인상에 당선되어 등단하는 것이 가장 좋다. 그러나 워낙 경쟁률이 높고, 심하면 5년 이상 작가 지망생 신분으로 남는 경우가 적지 않다. 그래서 지방지 신춘문예, 주요 문인 협회 문예지를 통해 등단하는 경우도 많다. "유명해야 글 쓰는 것 아니고 책 써야 유명해진다."라는 말이 있다. 물론 신춘문예에 당선되거나 신인상에 당선되면 출판도 알아서 해주겠지만 초기에는 대부분이 자비출판도 고려해야 할 것이다. 언어를 이용해서 새로운 글을 쓰는 사람을 작가라고 하는데 그중에서 문학 작가는 소설가, 시인, 수필가, 평론가 등이 있고 나는 일정한 형식을 따르지 않고 가볍게 일상적인 느낌이나 체험을 생각나는 대로 자유롭게 쓰는 산문 형식의 문학인 수필가로 시작하고자 한다.

돈벌이 측면에서 보면 무명인일 때는 기고해서 채택되어도 원고료 정도만 받게 되고, 작가가 되어도 사실 1년에 단행본 한 권 내기도 쉽지 않다. 단행본의 손익분기점이 대충 3,000~6,000권 판매 정도이고 이 정도가 되어야 '문단의 주목을 받는 작가', '한국문학의 기대주' 정도의 대접을 받게 된다고 한다. 평균 5,000권 판매에 권당 15,000원이면 7,500만 원 매출이 되었을 때 작가 몫을 10%로 보면 연 750만 원 정도의 수입 수준이라고 하니 애초부터 돈 욕심은 잊어버려야 시작할 수 있다. '한국문학의 미래' 정도의 대접을 받는 10,000권 판매면 1,500만 원 수입이다. '베스트셀러' 작가는 30,000권 판매, 4,500만 원 수입이 가능하다. 그리고 사람들은 대개 유명 작가 작품을 읽는데 '대세 작가'가 되면 100,000권 이상 판매에 1억 5,000만 원 수입이 되고 강연, 칼럼 연재, 방송 패널 출연 등을 합하여 3억 원 정도의 수입을 바라볼 수 있다고 한다고 한다. 하지만 사실 이 정도의 수입을 올리는 작가는 우리나라에서 손꼽을 수 있는 정도에 불과하다. 물론 노벨상을 탄 한강 작가는 6일 만에 100만 부를 돌파하기도 하였으니 다른 이들도 대박 꿈을 꿀 만도 하다.

독서층을 보면, 책을 아예 안 읽는 그룹과 열심히 읽는 그룹이 양극화되어 가고 있는데 열심히 읽는 그룹의 수준은 점점 더 높아져 작가들도 더욱 긴장해야 한다. 작가의 독서량과 집필량을 보면 어느 시립도서관의 책을 모두 읽었다는 일화가 있을 정도이고, 나흘 만에 원고지 850매를 써내었다는 괴력이 소개되고 있으니 참고해야 할 것이다.

문단에서 문제가 되고 있는 표절 문제를 보면 여섯, 일곱 단어가 같으면 표절 기준에 이른다. 추리 장르에서는 트릭이 동일하다던가 하면 표절이라고 하니 완전한 창작물을 만들기란 간단치 않다. 또한 해외출판 시 한국적 사고에만 몰입해서는 안 되고 세계인이 공감하는 정도의 개성적이고 구체적인 표현이어야만 하는 것이다. 내용도 현실과의 어느 정도 안전거리를 두어야 한다. 독자 항의 등등을 고려하여 '익명'으로 출간되는 경우가 많은데 창작물이라는 이유로는 명예훼손죄를 피해 갈 수도 없지만 아직까지 어지간하면 법원 관여는 없다고 한다. 장편은 3년 이상 걸리는 경우도 많고 매몰 비용도 상당하다. 작가는 작품으로 그것도 대표 작품으로 평가된다. 모든 작가에게는 자신이 세상에서 충분히 평가받지 못하고 있다고 오해하고 있다는 공통점이 있다.

  내가 하려는 수필 분야에서도 대세 작가급의 유명 작가는 주업인 에세이나 미셀러니를 쓰는 일 외에도 신문사 칼럼 연재, 방송국 교양프로그램 고정 패널 그리고 외부 강연을 하거나 문학편집자처럼 에디터나 리뷰어 일을 하거나 서평, 추천사 써주는 일을 하기도 한다. 또 작가들은 문학상 시상식, 연말 송년회 등에서 문학 담당 기자, 출판사 직원을 만나야 하기도 한다. 판촉 등을 위해서 독자와의 만남 행사를 하기도 하고, 온라인 독서모임 북 콘서트, 북 토크, 북 클럽 등을 하기도 한다. 마케팅 차원에서 SNS 홍보, 유튜브 동영상 홍보, 굿즈 배포에 저자 친필 사인북을 돌리기도 해야 한다.

  그런데 독자일 때는 고귀한 직업이라고 생각했던 작가가 자신의 창작물 판매량이 얼마나 되는지 제대로 알 수 없다는 지점에 이르러서는 정말 황당하다. 정부가 주도하는 한국출판문화산업진흥원의 출판유통 통합전산망이나 민간이 주도하는 대한출판문화협회의 도서판매정보 공유시스템이 있으나 각각 등록된 출판사가 2,791개 1,290개로서 문체부에 등록된 전체출판사 82,588개의 3.4%, 1.6%에 불과하다 보니 인세정산 등등 작가의 권리를 찾기에는 여전히 거리가 멀다. 또한 한국문예학술저작권협회에 따르면 부정출판물이 근절되지 않는다고 하니 열악한 어느 산업 분야를 보는 듯하다.

출판된 책이 베스트셀러가 되기 위해서는 몇 가지 조건이 있는 것 같다. 저자가 훌륭한 분이거나 유명 인물인 경우, 책의 내용이 엄청 좋아서 독자들에게 자연스레 선택받는 바람직한 경우, 또는 출판사나 서점에서 책의 판촉 활동, 즉 마케팅을 잘하거나, 아니면 교재처럼 필수 구입 독자층이 많으면 좋다. 특히 요즈음은 스폰서의 구입량도 눈에 띈다. 기업에서 교육용으로 직원들에게 배포하거나 정치인 팬덤 현상으로 강력한 스폰서 그룹이 생겨나 일방적인 지원이 생기기도 하는데 보통의 무명작가들에게는 언감생심일 뿐이다. 좌우간 좋은 글을 쓰는 것은 물론이고, 출판할 때에는 책 제목, 띠지, 목차 카피도 중요하고 카피력, 네이밍, 타이틀, 헤드라인의 결정적 문구도 신경 써야 하고 그림, 큰 글자, 단락 나누기, 공간 여백도 챙겨 봐야 한단다.

요즈음은 종이책 시대에서 오디오북, 영상 책자 등으로 옮겨 가는 경향인 데다가 출판계약도 중요하게 대두하고 있다. 소설은 원천콘텐츠로서 창작에 따른 배분과 함께 향후 영화화되었을 때의 2차 저작권 계약(영화사 몫·출판사 몫·저자 몫)이 필요하고 2020년대에는 한국 영화시장이 세계 5위에 이른다고 하니 한국 소설가에게 영화 판권계약은 더욱 중요하게 되고 있다. 작가는 현역으로 활동하는 기간이 상당히 길고 에고서핑(인터넷에서 자신의 평판, 조회 수, 댓글 수, 좋아요 수 등을 반복적으로 검색하는 행위)에 중독되기 쉽고 해서 저술 노동자의 건강한 몸가짐이 매우 중요하다. 운동을 통해 집중력과 지구력, 자신감을 키우고 외롭다는 느낌이 들 때도 술·담배에 너무 의존해서는 안 되며, 집필실도 집 안의 서재에서만 머무를 것이 아니라 도서관, 카페, 레지던스 프로그램, 문학관, 문화관 등등을 이용해 볼 수도 있을 것이다.

✹ 얘기가 끝나고도 길게 남아 있을 그러한 표현을 찾아내야

  문학은 사상이나 감정을 언어로 표현한 예술 작품을 말하는데, 언어로 되었다고 또 활자화되었다고 모든 기록을 문학으로 보지는 않는다. 모든 기록이 인간의 사상과 감정을 표현하지도 않으며 그 기본 속성이 허구성을 띠고 있지 않기 때문이다. 문학은 현실을 드러내고자 하지만 그것은 어디까지나 현실을 모방한 허구의 세계라는 특성을 지닌다. 상상력을 통해 현실에서 벌어지지 않은 일을 마치 있었던 것처럼 꾸미는 것이 문학의 개연성이기도 하다. 한마디로 역사는 있었던 일을 기록하고 문학은 있을 법한 일을 기록한다. 그래서 문학은 길 없는 곳에도 길을 만드는 역할을 해왔다.

문학 작품을 만드는 문예 창작은 개인적 차원이자 공동체적 차원에서 수행된다. 문학은 늘 개인과 사회의 통합을 지향해 왔고 개인의 상상력과 현실사회의 이념을 포착·통합하면서, 인간이 추구해야 할 새로운 방향을 제시해 왔다. 따라서 문예를 창작한다는 것은 곧 창조적 언어를 구사하여 지면 위에 새로운 세상을 구축하고 다른 사람과 공유하는 것을 말하게 된다.

그리고 문학이 다루는 범주는 인간과 자아, 인간과 타인, 인간과 이성, 인간과 무한(신과 자연)의 네 가지가 있는데, 결론적으로 문학은 인간에 대한 관심에서 비롯되는 것으로 문학의 본성 역시 지극히 인간적이다. 어떠한 문학 작품이든 작품 속에서는 인간의 사랑과 미움, 슬픔, 기쁨, 좌절, 증오, 극복 등등의 감정이 드러나기 마련이다.

경제학을 공부하고 수출, 영업 관리, 경영 등 기록과 문서만을 가지고 40년을 뛰다가 은퇴 뒤에서야, 글쓰기가 마냥 좋아서 뒤늦게 문학의 세계에 발을 디뎠다. 문학 작가들이 우리의 삶에서 아름다움을 발견하고 즐거움을 추구하도록 노력해 왔고, 문학은 그 자체가 목적으로서 기능한다는 것을 먼저 배워야 했다. 쉽게 말해, 의학, 법률, 경제, 기술 등이 인간이 삶을 유지하는 수단이라면, 문학은 인간이 느낄 수 있는 감정인 사랑과 낭만을 드러내어 우리의 삶을 따뜻하게 채워 주는 삶의 목적에 해당하는 것이다. 메마른 삶에 있어서 사막의 오아시스와 같은 역할을 하는 것이다. 그래서 문학은 특정 목적을 위한 수단으로 창작되지 않고도 꾸준히 쓰여 왔고, 쓰이고 있다는 사실을 명심하고 문학 공부를 먼저 해야 하겠다. 이에 문학 개론, 문예 창작이론을 읽고 선배 작가를 멘토로 삼고 따르고 배울 수밖에 없다. 그리고 청출어람이 되어야만 한다.

어느 시인이 말하기를 "심심하여야 창의성이 나온다."라고 했다. 그래서 이제 나도 백수가 되었으니 창의성이 나와야 하는데…. 그동안 부족한 글재주 배우려고 소설 읽고, 수필 읽고, 시 필사하며 독서 토론 하러 가고, 영화 보러 다니고, 출판기념회도 가보고, 유명 소설가 말씀 듣고, 문학 강의 들으러 다니고, AI 글쓰기도 해보고, 도서관·서점 문지방 자주 넘어 다니고, 사색한다고 산에, 바다에, 섬에 가고, 문학관 투어 여행 다니고…. 독서 토론회 참가자분들의 코멘트에 귀 기울이고 유명 작가, 평론가, 교수이신 분들 강연 들으며 시구 하나하나 해설 들어보니 문학은 역시나 '짱'이고 멋있었다. 쓰고 싶던 수필을 쓰기 시작했고 이제 등단도 하였다. 100세 시대에 바른길 가는 것 같다. 먹을 가까이하면 나도 검어진다는데 빨리 검어지면 좋겠다.

그런데 문학은 먼저 세상에 대한 관심과 애정을 바탕으로 한 작업이다. 즉 나와 타인 그리고 세상에 관한 관심이 수반되지 않으면 독창적 문학을 창작하기 어렵다. 또한 문예를 창작하려면 문장력을 갖추는 것은 기본이므로, 어휘의 정확한 의미를 이해하고 독서를 통해 눈길을 끄는 표현을, 단락의 첫 문장만으로도 그 작가에 대한 앎이를 할 수 있는 그러한 표현을 찾고, 자기만의 언어로 표현하는 훈련을 하여야 한다. 하나의 작품이 독자들에게 어필되는 데는 여러 가지 기법이 동원되기도 하는데 예를 들어 푼크툼(Punctum)이라는 것이 있다. 한 가지 장면으로부터 화살처럼 나와서 독자를 관통하는 것으로서 나를 찌르는 우연, 즉 하나의 부분적인 대상이 세부요소로 남아 있으면서도 작품 전체를 토로하는 것, 그러한 무엇을 말한다. 얘기가 끝나고도 길게 남아 있을 그러한 표현을 찾아내야 하는 것이다.

그리고 내용이 구성되어야 하고, 그것을 적절하게 표현할 수 있어야 하고, 장르적 관점에서 형식과 규칙도 지킬 수 있어야 하므로, 문예 창작은 상당한 시간을 요하는 일이라서 이 일이 즐거워야 한다. 즐겁지 않으면 오랫동안 버텨낼 수가 없다. 그렇게 창작한 작품은 예술적으로 발현된 내 생각을 독자가 읽게 되고, 독자와 소통하고 가치와 의미를 공유해야 이념을 실천하는 양상으로 구현될 수 있다. 송나라의 구양수는 다문(多

聞), 다독(多讀), 다상량(多商量)을 강조하였는데 다상량이란 것은 많이 생각해야만 한다는 것으로서 AI에 대체되지 않을 능력, 즉 창의력을 가져야 한다는 것을 강조하고 있다. 내가 아닌 누군가에게 연민을 느끼고 그의 고통을 내가 느끼도록 마음을 열게 하는 것이 바로 문학의 힘인 것이다.

✵ 문학은 삶의 한 부분을 정제하여 드러내는 이미지화된 산물

김광섭 작가는 논문 「수필문학 소고」에서 "수필은 자기 경험과 느낌을 형식에 얽매임 없이 자유롭게 붓 가는 대로 기술한 산문 형식의 글을 말한다."라고 하였다. 그러나 그가 이같이 말한 까닭은 소설처럼 재료의 정돈과 구성에 있어서 엄밀한 준비에서 시작되는 것이 아니라, 달관과 통찰과 깊은 이해가 인격화된 평정한 심경이 무심히 생활 주위의 대상에 혹은 회고와 추억에 부딪혀 스스로 붓을 잡음으로써 제작되는 형식이라는 것을 말하고자 함이었다. 또 수필은 형식이 없는 것이 아니라 형식이 다양하다는 것을 뜻하며, 단순히 신변잡기가 아니라 그 작고 평범한 생활 이야기들이 수필로 승화되기 위해서는 그 소재에 의미를 부여해야만 한다.

그래서 수필은 시나 소설, 희곡처럼 창작문학의 성격을 지니지만 허구가 아닌 사실에 터를 잡고 있는지라 형상화를 통한 순수문학은 아니며, 이해와 성찰을 통해 평가에 이르는 순수비평에도 해당하지 않는다. 그러면서도 자연과 인생을 바라보며 그 형상과 존재의 의미를 밝혀내고 이성적인 지성으로 새로운 지향성을 드러내기도 한다. 또 서정과 서사에 의한 정서적 감동이나 흥미를 주며 다른 문학과의 상호 작용으로 그 영역은 확대되어 가고 있다.

사실 말로써 마음의 세계를 표현하는 것은 시, 소설, 수필 마찬가지이고 심리학자나 정신과 의사도 그러하다. 그러나 수필이라는 이름이 따로 있는 것은 첫째, 소설이나 희곡과 같이 꾸며낸 얘기가 아니고 수필은 본래 어떤 현실이나 자신의 체험을 그리는 것을 원칙으로 삼는다. 둘째, 운율적 표현 방식에 의존하는 시와는 다르고 수필은 산문의 표현 방식을 따른다. 셋째, 논문은 독자의 이해력에 호소하고 진리를 밝히는 것을 목적으로 하나 수필은 의식 또는 무의식중에 아름다움을 창조하며 은연중에 독자의 미감(美感)에 호소한다.

경수필은 주관적, 사색적인 경향을 보이지만 신비적, 정서적인 이미지로 감싸질 때 철학성과 예술성을 갖춘 수필 문학이 될 수 있다. 중수필은 철학적인 사고나 과학적인 사실, 사회문화에 관한 비평을 사색적으로 서술하고 표현하지만, 이 또한 지성에 바탕을 두고도 신비적이고 정서적인 이미지에 의한 문학이 되어야 한다. 이뿐만이 아니라 작가의 면목이 첫마디부터 드러나는 글이 수필이다. 그 사람의 자연관, 습성, 취미, 이상 이런 모든 것이 재료가 되어 나오기 때문이다. 누구에게나 수필은 자기의 심적 알몸이다. 그러므로 수필을 쓰려면 내공이 있어야 하고 자기의 멋이 있어야 할 것이다. 그리고 수필은 삶을 관조하고 성찰하며 정서적으로 친밀감을 주는 것으로서 문학의 가치와 아름다움의 향유를 실현할 수도 있다.

프랜시스 베이컨은 "역사가 기억에, 철학이 이성에 의지할 때 문학은 상상을 바탕으로 전개된다."라고 했다. 여기서 상상이란 무엇인가. 베이컨은 "상상은 사실의 세계에 얽매이지 않고 사실들을 마음대로 변형시켜 사실보다 더 아름답게 좋게 다양하게 만들어 즐기는 것"이라고 하였다.

김우종 교수는 한국 수필의 문제점 중의 하나로 '상상력의 공급 부족으로 인한 미적 감동의 결핍 현상'을 들었다. 수필에서 상상이 소홀히 다루어지고 있는 것은 '수필은 허구의 문학이 아니라 체험의 문학'이라는 본질을 편협하게 해석했기 때문이다. 체험은 허구가 아니며 수필 속의 상상은 그 체험의 한

부분이다. 따라서 수필의 상상은 허구가 아닌 것이다. 또한 상상이 상상임을 밝히는 수필의 상상은 허구라고 하지 않는다. 수필을 좀 더 문예적으로 형상화하기 위한 수법이자 기법일 뿐이다.

현대인들이 너무 바빠서 책을 잘 읽지 않는다는 기사를 보고 수필에 대해서 한 가지 더 덧붙일 것이 떠올랐다. 수필은 시처럼 어렵지도 않고 소설처럼 길지도 않다. 국어 선생님의 해설이 필요치도 않고 한 권을 읽는 데 최소 하루 종일이 소요되지도 않는다. 그야말로 가볍게 읽어 준다면 스트레스 해소와 정신건강에도 큰 도움을 줄 수도 있다. 연구에 의하면 독서는 정서에 깊은 영향을 미치는데 하루 6분의 독서만으로 심박수가 낮아지고 근육의 긴장이 풀렸다. 음악감상, 커피 마시기, 산책보다 효과가 높았다고 한다. 또 독서를 하면 감정이 조절되고 공감 능력이 향상되는 등 심리적 안정감을 가져오는 효과가 있다. 그래서 치매와 퇴행을 늦추는 데도 효과가 있는 것으로 알려졌다.

나는 노래를 잘 부르지 못해 노래 잘 부르는 사람을 부러워하고 좋아한다. 가수를 모셔 와서 가까이서 직접 노래를 들으면 얼마나 좋을까 하는 실없는 상상도 한다. 노래 잘 부르는 사람을 가수라고 하는데 그들은 타고난 음감이 있어서 음정, 박자가 잘 맞고 바이브레이션이 뛰어나다. 음정(音

程, Interval)은 두 음의 높이 차이를 말하는데 음정을 이해하기 위해서는 12음계를 알고 악보를 볼 줄 알아야 한다. 진동수가 많으면 높은음, 진동수가 낮으면 낮은음이 난다. 대개 높은음은 자극적이고 낮은음은 이완적인 효과를 갖는다. 박자(拍子. Rhythm)는 박을 모아 몇 박마다 심리적인 강점을 주기적으로 설정하여 박의 진행을 정리하고 통합하는 조직이다. 이것은 몇 박마다 반복함으로써 실현된다. 그리고 음표 길이, 쉼표 길이도 알아야 하는데 내가 보기에는 음의 진동(振動, Viabration)이 가장 돋보이는 것 같다. 바이브레이션이 좋아야 노래가 살아나는데 이것들을 한마디로 가창력이라고 한다. 이 외에도 가수가 되려면 섬세한 연기력에, 춤 솜씨 그리고 스타일리시한 이미지가 있어야 하고 나아가 자기 노래를 만들 수 있는 창작 능력이 있으면 더욱 좋다.

수필도 탁월한 문장력으로 서정·서사·묘사를 함으로써 글을 빛나게 하는데 바이브레이션을 잘하는 가수와 같다고 할 것이다. 밋밋한 내레이션이 아닌, 한 문장, 한 단어에도 바이브레이션을 주도록 정성을 다해 윤문하여야 한다. 문학은 삶의 한 부분을 정제하여 드러내는 이미지화된 산물이다. 그러나 그것은 만인이 공감할 수 있는 객관이라야 한다. 주관을 객관으로 바꾸지 않으면 안 되며, 사유를 심지 않으면 그냥 일기이고, 자서전일 뿐이지 문학적 가치를 가질 수가 없다. 아무나 하는 쉬운 일이 아니다.

✽ 사람은 나를 사랑해 주는 사람, 내가 사랑할 생명이 반드시 필요하다

 어제는 아파트 입구에 서 있는데, 유모차에서 조그마한 강아지를 꺼내어 안아 주고 있던 나이 들어 보이는 여자를 보았다. 여자가 안고 있는 그 강아지는 레이스가 예쁘게 치장된 치마를 입고 있었다. "바둑아, 바둑아."라고 부르는 게 아니라, 원 세상에! "엄마 여기 있다. 이리 오렴." 하더라니…. 이 장면은 강아지가 아니라 그냥 귀여운 애를 돌보는 것과 똑같았다. 오늘날은 핵가족 시대이고 세상에는 외로운 사람이 많다 보니, 많은 사람이 강아지를 애완견으로 가족처럼 키우는 데서 더 발전하여 그야말로 생활을 같이하는 반려견으로 대하고 있다. 또한 요즈음은 개나 고양이처럼 망아지나 송아지까지도 나름 예쁘게 키우는 사람들도 있다. 어떤 사람은 눈이 크고 겁이 많은 송아지를 보면 착한 아이들을 보는 것 같단다.

예전에는 황소 한 마리가 30여 마리 이상의 암소를 거느리는 방목 목장이었거나 암소 한두어 마리를 외양간에서 키우면서 주변에서 수소 씨를 받아 새끼를 내어 장터에 내다 파는 마구간 형태가 대부분이었다. 이때는 종자선택이나 사양 방식에 대한 체계적인 개념이 없어서 한우 송아지가 외국계에 비해서는 평균적으로 덩치가 작았었다. 따라서 당연히 덩치 큰 소는 꽤 대접을 받았으며, 큰 황소끼리의 소싸움은 당시의 볼거리가 되었다. 소득향상으로 소고기 수요가 늘자 소 주인들과 축산 당국은 거대한 소를 생산하기 위해서 꾀를 내기 시작했다. 덩치가 좋은 수소와 새끼를 잘 낳는 암소만을 키우는 소위 혈통 축우 정책이 시작되었고, 수십 년이 지난 지금은 유전능력이 좋아 보증 씨수소로 선발된 개체만 KPN(Korea Proven bull's Number) 번호를 부여하고 캡슐 형태로 보급된 그의 우수 정액만으로, 암소에게 인공수정을 하여 품질 좋은 혈통 송아지만을 생산하고 있다. 그래야 1톤을 넘나드는 거대한 고기소들을 만들게 되고 돈도 벌게 된단다. 선발되지 못한 수소는 고기 맛이 좋도록 거세하고, 비좁은 축사 안에서 서로 부딪쳐서 다치지 않도록 뿔도 나지 못하게 하고 그냥 고기만을 위하여 육우로 키워져 도축되고 만다. 해를 거듭할수록 전국적으로 그리고 전 세계적으로 축우 덩치는 크게 개량되고 있다. 많은 소를 키우는 대농장에서는 배다른 형제자매가 많고 제대로 관리되지 않으면 근친교배의 문제도 실제로 심심치 않게 생겨난다. 이뿐이 아니다. 더 큰 소를 얻기 위한 다음 단계는 대리모의 등장이다. 한우끼리 인공수정을 하여 나온 수정란을 젖소 암소에게 착상시키면 덩치 큰 젖소가 한우 송아지를 낳고, 그 큰 젖통으로 송아지도 더 잘 키운다는 것이다.

체외수정이 활발한 호주에서는 18명 중 1명은 시험관 아기이다. 이 나라에서 어떤 남성 한 명이 약 6년간 이름 바꿔가며 수백 회 정자를 기증해 생물학적 자녀가 약 700명에 이른다고 하여 사회적 파장이 커지고 있다. 자칫 근친결혼의 문제점도 불거질 수 있어, 호주 당국이 면밀히 대처해야만 하는 지경이 되었다. 문제는 "사람이니까 이럴 수는 없다."라는 것인데 축우 쪽만 본다면 보증 씨수소의 인공수정은 이미 대세다. 사람과 동물 그 차이일 뿐이다. 고기 생산량을 늘리기 위해 축우는 대량으로 인공수정이 되고 대리모까지 등장하고 있어서, 소가족은 해체되고 오로지 덩치 큰 혈통 축우 생산 공장만이 축산업의 최고 덕목이 되고 있는 것이다. 상상치 못한 어떤 다른 부작용이 나타나지 않을까 내심 두렵다.

강아지 중에서도 애견가에게 인기가 있는 덩치가 작고 날씬한 그리고 알레르기가 없는 품종들은 값도 비싸고 해서, 혈통 있는 개는 더욱 교배를 많이 하여 숫자가 크게 늘어나는 반면, 보신탕을 먹지 않는 시대라서 덩치 큰 잡견들은 사라지는 추세다. 그런데 이렇게 개나 소나 동물 세계의 생태계를 마구 바꾸어 놓아도 되는 것인가? 요즈음 휴머노이드 로봇은 센서기술·제어기술·동력기술의 발달과 함께, 더욱 발달된 인공지능(AI)까지 탑재하여 살아 있는 사람과 거의 유사하도록까지 발전하고 있는데, 문제는 반려견을 대체할 기술 수준 정도는 이제 멀지 않았다는 것이다. 그 때문에 로봇 과학의 미래를 걱정하는 이도 많다. 사람이 통제하지 못하는 개가 탄생하지 않을까, 사람이 낳았지만 엄마가 자기 애도 마음대로 하지 못하는 게 현실이니, 사람이 만든 로봇 개를 사람이 이기지 못하는 날이 오지나 않을까? 그렇게까지는 아니더라도 머지않은 장래에 오줌똥 싸는 강아지들이 로봇으로 대체되지나 않을까? 아무리 그런 시절이 온다 해도 애견 마니아들의 개 사랑은 그대로 남아 있을까?

　노벨 문학상 수상자인 이시구로가 쓴 장편소설 『클라라와 태양』에 나오는 AF(Artificial Friend. 인공지능 로봇 친구)들의 성능을 본다면, 거의 사람과 비슷한 수준의 사고를 하는 정도로 등장하여 아이들의 사랑은 물론 어른들에게서도 인정받는다. 그렇게 되더라도 계속 지금의 강아지들을 사랑할까? 미래에 머리 좋고 셈이 빠른 인간들의 AF강아지 사랑은 어떻게 변해갈까? 정말 궁금하다. 영화 「컨택트」에 나오는 외계인 헵타포드는 미래를 다 알고 있다는데 그에게 물어보아야 하나….

사람은 사랑을 먹고 사는 동물인지라, 나를 사랑해 주는 사람이 필요한 동시에 내가 사랑할 생명이 반드시 필요하다. 사랑이 없는 생은 결코 행복한 생이 아니다. 사랑은 행복의 열쇠다. 사랑하는 기쁨과 사랑받는 보람을 가질 때, 우리는 인간으로서 태어난 것을 감사하고 싶고, 축복하고도 싶어진다. 안아 보면 따뜻한 체온이 있는 개를 사랑하는 사람들이 많다. 노령화 시대가 다가오고, 일인 가구가 많아지면서 홀로 아파트에서 종일 기다리다, 주인을 반겨주는 강아지다. 오줌똥 싸는 강아지일지라도 강아지 사랑은 사라지지 않기를 바란다.

- 계간 『문학의봄』 24년 12월 호

❋ 논픽션 영역의 양서까지도 꾸준히 발굴, 번역 작업 지속해야

연애를 하기 위해서 그녀가 다니는 길목에서 서성인다든지, 취직을 하기 위해 그 회사에 대해서 연구하고 자격을 미리 준비한다든지 하는 것들은 계획된 우연(Planned coincidence)을 증대시키려는 노력이다. 그런데 운동선수나 가수들을 에이전트가 나서서 사전 준비 시키고 수요자와 연결시키는 활동은 이제 낯설지 않다. 그런데 이번에는 한국문학을 번역하여 해외 문학상을 받게 하고 해외 시장에 수출하려는 에이전트가 특히 눈에 띈다.

이구용, 그는 영미문학을 좋아하던 문학도로서 해외 출판물의 국내 수입 업무를 하는 회사에 다니다가 2004년부터는 아예 한국문학 수출을 실천에 옮겼다. 그때 뉴욕에서 '바버라 지트워'라는 문학 에이전트를 찾아냈고 KL매니지먼트도 차렸고, 신경숙 작가의 『엄마를 부탁해』가 수출되어 화제가 되었다. 2008년 한국문학번역원이 수여하는 '에이전시 부문 출판 저작권 수출상'을 받았고 그 후 「세계 출판 시장에서 한국문학 어떻게 볼 것인가」, 「한국 출판물의 해외 시장 진출 전략과 그 의미」 등 다수의 글을 발표하였다. 2007년 『채식주의자』가 한글판 원전으로 출간되고 나서 한참 뒤인 2013년 영국 출판사 포토벨로가 출판을 결정하고 2015년 출간되고 2016년 맨부커상 인터내셔널 부문을 거머쥐게 되었다. 영미 출판 시장은 한결같이 상업적인 작품을 원하여 출판사의 선택을 받기가 쉽지 않았으나 번역가 '데버라 스미스'의 공로가 보태어져 영국 출판사 포토벨로의 선택을 받았고, 이후 미국 출판이 뒤따랐다. 이처럼 문학에이전트와 편집자의 역할은 작가가 경력을 쌓는 것을 돕고 언제 어떤 책을 내야 하는지 아는 것이라고 할 것이다.

  문은 열렸다. 문 안으로 들어가는 것이 쉬워졌다. 그러나 들어간다고 뜻한 바를 바로 이룰 수 있는 것은 아니다. 누가 들어가느냐, 무엇을 들고 들어가느냐, 무슨 전략과 아이디어를 들고 들어가느냐에 따라 다르기 때문이다. 작가, 번역가, 에이전트가 협력하여야 하고 향후에는 소설뿐만 아니라 논픽션 영역의 양서까지도 꾸준히 발굴하고 이에 대한 '글의 맛'을 살리는 번역 작업을 지속시켜야 할 것이다. 김현우가 운영하는 에이전시 '나선'에서 진행하는 '번역 대회'가 좋은 사례다. 좋은 책이 있으면 해당 출판사에서 에이전시를 통해 판권을 사고 번역가를 찾아 출간하는 것이 보통의 과정인데, 이때 해외에서 번역을 진행할 수 있는 다양한 번역가가 필요하다. 이 때문에 고안한 것이 해외 현지에서 '번역 대회'를 열어 실제로 한국 문학에 관심 있는 번역가를 찾아내는 것이다.

  그리고 대형 출판사를 중심으로 한 해외 출간은 본궤도에 올라, 해외 5대 출판사로 꼽히는 아셰트, 펭귄 랜덤 하우스, 맥밀런, 하퍼콜린스, 사이먼 앤 슈스터 등과 계약을 하고 있는 에릭양 에이전시는 "판권 문의는 늘 우리가 하던 거였는데 이제 반대인 상황이 종종 있다. 이제는 우리 책을 해외에 팔아야 할 때가 왔다."라고 한다. 그러나 중소형 출판사의 경우 해외 출간과 관련된 실무를 담당할 인원이 부족한 만큼 이런 인력의 양성이 필요하다. 또한 시나 수필 그리고 비문학까지도 번역하여 해외에 출간할 수 있으므로 적극적인 자세가 필요하다 할 것이다. 지금이 계획된 우연이 필요한 시점이다.

✸ 코페르니쿠스는 별을 포기하면서 우주를 얻게 되었는데

 별에 큰 관심을 둔 소년 '데이비드 조던'은 부모가 '이미 존재하고 있는 땅의 지도를 만드는 데 시간을 보내는 것은 경거망동'이라고, 할 필요가 없다고 말렸는데도 기어코 지도를 만들었고, 또 5년이나 걸려 밤하늘 전체에 질서를 부여하는 작업을 하였으며 자발적으로 섬에 들어가 자연과학을 연구하는 팀에 합류하였다. 그곳에는 먼저 온 과학자의 의지가 이미 서려 있었다. "우리는 진실을 찾으러 온 것이라네. 불확실한 열쇠로 신비의 문을 하나하나 열려고 시도를 하지…."
 그는 인간의 육체적 본성이 머리·척추·갈비뼈의 구조를 갖춘 어류에 뿌리를 두고 있다는 것을 모르면 인간이 얼마나 졸렬해질지 이해할 수가 없을 것이라고 굳게 믿고 있었다. 분류학의 직업은 창조주의 생각들을 인간의 언어로 번역하는 것이라고 생각하던 19세기는 1859년에 나온 『종의 기원』처럼 발견의 시대였다. 이 책의 말미에는 다윈 자신이 이 세상에서 신이라는 꽃봉오리를 제거한 것에 대해 사과하기는 하였으나, 그럼에도 불구하고 다른 종끼리도 생식이 가능할 수도 있다고 말하였다.

조던은 가장 취약한 어류 분야는 새로운 체계가 필요하다고 느끼고, 이 학교 저 학교, 이 지역 저 지역을 옮겨 다니면서 물고기의 특징들이 어떻게 대물림되는지 등등…. 북미의 모든 담수어를 조사하였다. 그러다가 팔로알토의 대농지를 가진 '릴런드 스탠퍼드'의 작은 학교 학장으로 초대되고 해양연구소를 만들었다. 그리고 유리 단지 안에 1904년 일본 연안에서 채집된 새로운 종의 표본을 보관하면서 연구에 박차를 가하였다. 그러나 1906년 진도 7.9 크기의 샌프란시스코 대지진으로 박살이 나고 말았다. 그래서 그는 살아갈수록 아버지와 비슷한 소리를 했다. "자연은 인간을 봐주지 않는다.", "자연에 참견하는 것은 불가능하고 자연의 법칙은 바꿀 수 없으며 그 법칙을 거스르는 자는 공기 방망이로 휘두르는 셈이다."

운명의 형태를 만드는 것은 사람의 의지라고 믿고 있는데

기만일까? 믿을 수밖에 없는 현실인데 학자들은 '자기기만은 정신적 결함'이라고 하였다. 그렇지만 좌절을 겪은 뒤에도 재빨리 회복하는 사람들은 '장밋빛 자기기만'이라는 특징을 갖고 있었다. 어쩌면 진화가 우리에게 가져다준 가장 위대한 선물은 '우리 인간은 실제보다도 더 큰 힘을 가지고 있다'는 믿음을 품을 수 있는 능력인지도 모른다. 단지 파리 한 마리 잡는 데도 대포알을 쏘는 것도 마지않는 긍정적 착각지수가 문제 된다. 자존감이 너무 높으면 약자를 괴롭힐 수도 있다. 우생학을 옹호하는 자들은 "자선과 호의가 부적합 생존을 초래한다."라고 믿고 있다. 그래서 우생학적 불임의 합법화를 실제로 행하기도 했다. 그러나 한 종에서 돌연변이와 특이한 초래를 모두 제거하는 것은 그 종이 자연의 큰 힘에 노출되었을 때 더 큰 위험을 맞게 된다. 이 사실 때문인지 공공복지라는 이름으로 정신적 결함이 있는 이들에 대한 강제 불임 수술은 대부분 폐기되었고, 정신박약자 수용소에 있던 '메리'는 불임화를 피하여 아들을 낳았다.

『종의 기원』에는 자연의 사다리라는 믿음이 있다. 박테리아에서 인간에 이르기까지 더 나은 방향으로 향하는 구조가 분명 있으니 생명의 형태를 만드는 것은 신이 아니라 시간이라고 믿는 것이다. 그러니 인간이 스스로 우월하다고 가정하는 거의 모든 기준에서 동물은 미래에 인간보다 더 우수할 수도 있다는 상상을 하게 된다. 40억 년 전 물이 생겨나고 35억 년 전 생명체가, 6억 년 전엔 어류가, 3억 년 전 경골어류가 생겨났다. 현재 포유류는 4,500종, 조류 8,600종, 파충류 6,000종, 양서류 2,500종 그러나 어류는 밝혀진 것만 20,000종이나 된다. 어류의 범주가 너무 넓다. 분류학적 의미로 볼 때 정의가 불분명하다. 그래서 "물고기는 존재하지 않는다."라는 발상이 나오게 되었다.

  코페르니쿠스가 별을 포기하면서 우주를 얻게 되었는데, 물고기를 포기하면 무슨 일이 생길까? 우리는 자신이 보고 있는 것이 진정 무엇인지 전혀 모른다는 것을 매 순간 인정하면서 살아야 한다. 긍정적 환상을 갖는다는 것이 목표를 성취하는 데는 도움이 되지만, 목표만 보고 달려가는 터널 시야 바깥에 훨씬 더 좋은 것들이 기다리고 있다는 것을 알아야 하기 때문이다.